맛있는 스쿨 단과 강좌 할인 쿠폰

인강 할인 이벤트

할인 코드: **hcjpn_write**

단과 강좌 할인 쿠폰
20% 할인

할인 쿠폰 사용 안내
1. 맛있는스쿨(cyberjrc.com)에 접속하여 [회원가입] 후 로그인을 합니다.
2. 메뉴中[쿠폰] → 하단[쿠폰 등록하기]에 쿠폰번호 입력 → [등록]을 클릭하면 쿠폰이 등록됩니다.
3. [단과] 수강 신청 후, [온라인 쿠폰 적용하기]를 클릭하여 등록된 쿠폰을 사용하세요.
4. 결제 후, [나의 강의실]에서 수강합니다.

쿠폰 사용 시 유의 사항
1. 본 쿠폰은 맛있는스쿨 단과 강좌 결제 시에만 사용이 가능합니다.
2. 본 쿠폰은 타 쿠폰과 중복 할인이 되지 않습니다.
3. 교재 환불 시 쿠폰 사용이 불가합니다.
4. 쿠폰 발급 후 60일 내로 사용이 가능합니다.
5. 본 쿠폰의 할인 코드는 1회만 사용이 가능합니다.
*쿠폰 사용 문의 : 카카오톡 채널 @맛있는스쿨

맛있는 톡 할인 쿠폰

전화 화상 할인 이벤트

할인 코드: **jrcphone2qsj**

전화&화상 외국어 할인 쿠폰
10,000원

할인 쿠폰 사용 안내
1. 맛있는톡 전화&화상 중국어(phonejrc.com), 영어(eng.phonejrc.com)에 접속하여 [회원가입] 후 로그인을 합니다.
2. 메뉴中[쿠폰] → 하단[쿠폰 등록하기]에 쿠폰번호 입력 → [등록]을 클릭하면 쿠폰이 등록됩니다.
3. 전화&화상 외국어 수강 신청 시 [온라인 쿠폰 적용하기]를 클릭하여 등록된 쿠폰을 사용하세요.

쿠폰 사용 시 유의 사항
1. 본 쿠폰은 전화&화상 외국어 결제 시에만 사용이 가능합니다.
2. 본 쿠폰은 타 쿠폰과 중복 할인이 되지 않습니다.
3. 교재 환불 시 쿠폰 사용이 불가합니다.
4. 쿠폰 발급 후 60일 내로 사용이 가능합니다.
5. 본 쿠폰의 할인 코드는 1회만 사용이 가능합니다.
*쿠폰 사용 문의 : 카카오톡 채널 @맛있는스쿨

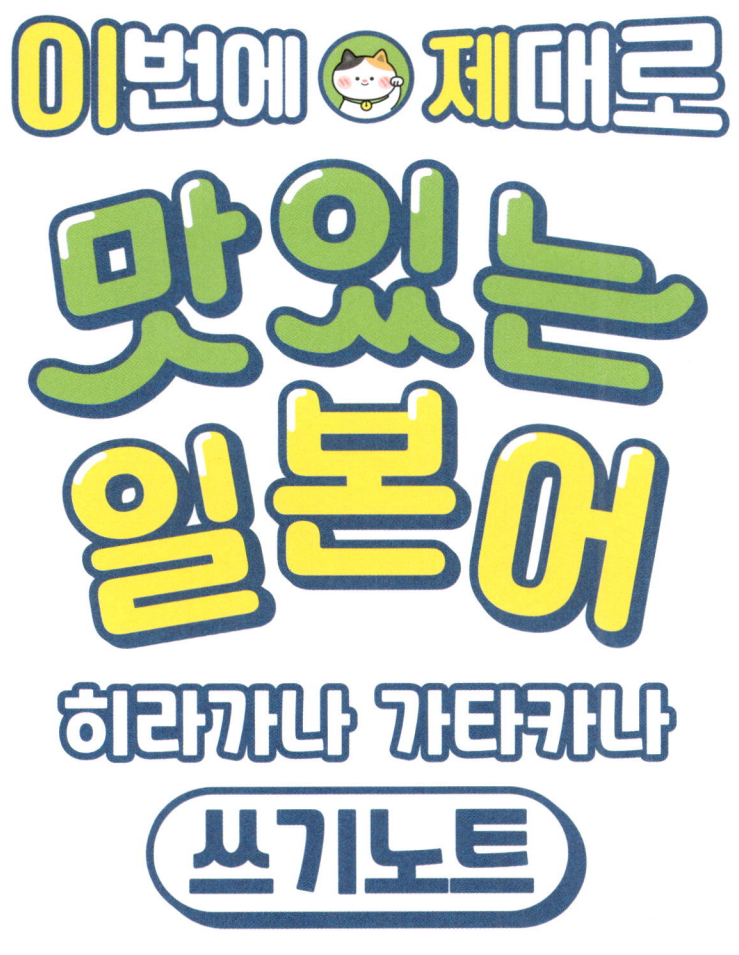

JRC 일본어연구소 저

초판 1쇄 인쇄	2025년 8월 1일
초판 1쇄 발행	2025년 8월 10일

기획·저	JRC 일본어연구소
발행인	김효정
발행처	맛있는books
등록번호	제2006-000273호

주소	서울시 서초구 명달로 54 JRC빌딩 7층
전화	구입문의 02·567·3861
	내용문의 02·567·3860
팩스	02·567·2471
홈페이지	www.booksJRC.com

ISBN	979-11-6148-167-8 13730
정가	9,800원

ⓒ 맛있는books, 2025

저자와 출판사의 허락 없이 이 책의 일부 또는 전부를 무단 복사·복제·전재·발췌할 수 없습니다.
잘못된 책은 구입처에서 바꿔 드립니다.

일본어를 공부하기로 한 당신을 응원합니다.

영어를 공부하기 위해 알파벳을 익혔듯, 일본어를 공부하기 위해 가장 먼저 해야 할 일은 바로 히라가나와 가타카나를 익히는 것입니다.

「이번에 제대로 맛있는 일본어 히라가나 가타카나 쓰기노트」는 여러분이 일본어 문자인 히라가나와 가타카나를 가장 효과적이고 쉽게 학습할 수 있도록 구성했습니다.

처음 마주하는 곡선과 직선 하나하나가 낯설게 느껴지고, 언제 이 많은 문자들을 다 익히나 하는 두려움이 있겠지만, 「이번에 제대로 맛있는 일본어 히라가나 가타카나 쓰기노트」를 통해 그 작은 획들을 하나씩 익혀 나갈 때마다 여러분들의 일본어 실력은 이미 성장하고 있습니다.

'시작이 반'이라는 말이 있듯, 여러분은 일본어를 벌써 반이나 마스터했으며, 지금 이 순간의 노력이 여러분의 꿈과 가능성을 활짝 열어줄 것입니다.

JRC 일본어연구소

목차

목차 4 | 이 책의 구성과 학습법 6 | 일본어의 문자와 발음 8

CHAPTER 1 히라가나 쓰면서 익히기

히라가나의 문자와 발음 … 12
1. 청음 … 16
   체크! 체크! … 54
2. 탁음·반탁음 … 56
3. 요음 … 62
   체크! 체크! … 68

CHAPTER 2 가타카나 쓰면서 익히기

가타카나의 문자와 발음 … 72
1. 청음 … 76
   체크! 체크! … 114
2. 탁음·반탁음 … 116
3. 요음 … 122
   체크! 체크! … 128

CHAPTER 3 필사하며 익히기

1. 가족 — 132
2. 우정 — 134
3. 사랑 — 136
4. 희망 — 138
5. 감사 — 140
6. 행복 — 142
7. 용기 — 144
8. 배려 — 146
9. 추억 — 148
10. 노력 — 150

부록

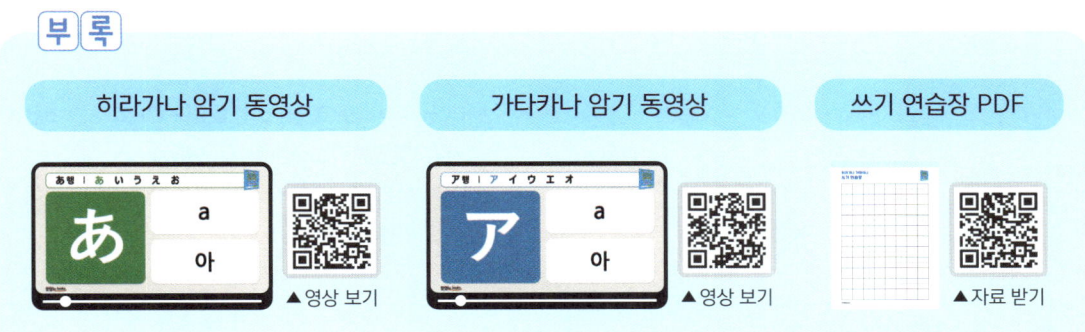

히라가나 암기 동영상 ▲영상 보기
가타카나 암기 동영상 ▲영상 보기
쓰기 연습장 PDF ▲자료 받기

이 책의 구성과 학습법

이 책은 3개 챕터로 구성되어 있어요~

챕터1 히라가나
챕터2 가타카나
챕터3 필사

우선, 각 행의 글자 하나하나의 모양과 발음을 자세히 확인해 보세요. 오른쪽에 있는 QR코드를 스캔하면 원어민의 발음을 들을 수 있으니, 이를 적극 활용해 보세요. 원어민의 발음을 듣고 발음하는 법에 주의해서 그대로 따라 발음하며 각 글자의 소리와 음을 익혀 보세요.

각 글자를 하나씩 따라 써 보세요. 이때, 올바른 획순을 살피며 연습하는 것이 중요해요. 먼저 밑바탕에 따라 쓰는 연습을 한 후, 십자선 등을 활용해 스스로 위치와 비율을 맞추어 보거나, 빈칸에 직접 써 보면서 글자의 형태를 익혀 보세요.

+ 더 많이 써 보고 싶으면, p.5의 QR코드를 스캔하거나, 맛있는북스 홈페이지(www.booksJRC.com)에서 쓰기 연습장 PDF를 다운로드 받아 원하는 만큼 써 보세요.

한 행의 글자들을 모두 연습해 본 뒤에는, 해당 행 전체 글자를 한 번에 써 보면서 기억을 확실히 다져 보세요. 이때도 각 글자의 획순과 쓰는 방법을 머릿속에 떠올리면서 쓰는 것이 효과적이에요.

청음을 마무리한 뒤에 체크! 탁음·반탁음·요음을 마무리한 뒤에 체크! 끝말잇기 게임과 일본 여행 시 실제로 마주치는 글자들을 읽어 보면서, 글자들을 잘 익혔는지, 실생활에서의 활용 능력을 확인해 보세요.

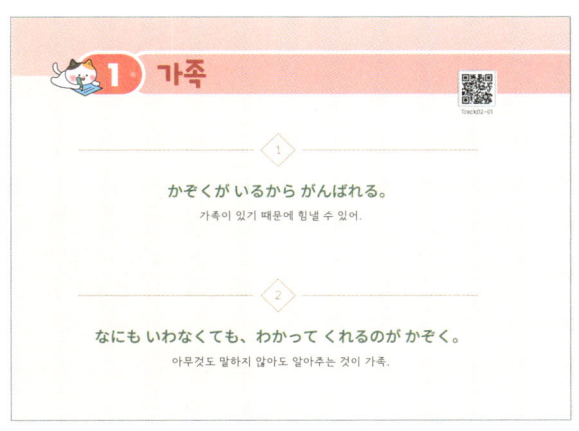

챕터3에서는 가족, 우정, 사랑, 희망, 감사, 행복, 용기, 배려, 추억, 노력 등과 같이 의미 있는 주제와 관련된 문장을 필사하며, 앞서 익힌 글자들을 다시 한 번 복습해 보세요. 필사는 각 글자를 문장 속에서 사용하며 단어의 의미와 쓰임새까지 동시에 익힐 수 있어요.

일본어의 문자와 발음

일본어는 히라가나, 가타카나, 한자 세 가지 문자를 사용해 표기해요.

わたしはニュースを見ます。
히라가나　　　　가타카나　　　한자

나는 뉴스를 봅니다.

히라가나(ひらがな)

히라가나는 일본어의 음절을 나타내는 가장 기본이 되는 표음문자로, 총 46개로 구성되어 있어요. 주로 문법적 요소와 한자로 읽기 어려운 단어의 표기, 한자의 읽는 법 표기 등에 사용되며, 곡선이 많고 부드러운 모양이 특징이에요.

가타카나(カタカナ)

가타카나는 히라가나와 마찬가지로 총 46개로 구성되어 있으며 일대일로 발음이 대응돼요. 주로 외래어, 고유명사, 의성어나 의태어, 광고·간판 등에서 강조할 때 등에 사용되며, 간결하고 날카로운 모양이 특징이에요.

한자(漢字)

한자는 5~6세기경에 일본에 들어왔어요. 현대에는 문부과학성에서 지정한 상용한자, 교육한자를 중심으로 명사, 형용사와 동사의 어간, 인명이나 지명 등 실질적인 의미를 나타내는 말 등에 사용돼요. 한자에는 음독과 훈독 등 읽는 방법이 여러 가지 있어, 읽는 방법을 표기하기 위해 히라가나를 함께 표기하기도 해요.

오십음도와 발음

일본어의 문자와 발음은 5개의 모음을 기준으로 자음과 결합하여 구성되어 있는데, 히라가나와 가타카나를 자음과 모음별로 나열한 것을 오십음도라고 해요. 모음인 세로줄을 '단', 자음인 가로줄을 '행'이라고 해요.

	あ단		い단		う단		え단		お단	
あ행	あ	a 아	い	i 이	う	u 우	え	e 에	お	o 오
か행	か	ka 카	き	ki 키	く	ku 쿠	け	ke 케	こ	ko 코
さ행	さ	sa 사	し	shi 시	す	su 스	せ	se 세	そ	so 소
た행	た	ta 타	ち	chi 치	つ	tsu 츠	て	te 테	と	to 토
な행	な	na 나	に	ni 니	ぬ	nu 누	ね	ne 네	の	no 노
は행	は	ha 하	ひ	hi 히	ふ	fu 후	へ	he 헤	ほ	ho 호
ま행	ま	ma 마	み	mi 미	む	mu 무	め	me 메	も	mo 모
や행	や	ya 야			ゆ	yu 유			よ	yo 요
ら행	ら	ra 라	り	ri 리	る	ru 루	れ	re 레	ろ	ro 로
わ행	わ	wa 와							を	wo 오
					ん	n 응				

이 오십음도는 일본어의 가장 기본 발음인 '청음'을 표기하고 있으며, 일본어에는 '청음' 외에도 '탁음', '반탁음', '요음', '촉음', '장음' 등이 있는데, 이제부터 히라가나와 가타카나의 문자와 함께 발음까지 하나씩 공부해 보아요.

히라가나는 일본어의 음절을 나타내는 가장 기본이 되는 표음문자로, 총 46개로 구성되어 있어요. 주로 문법적 요소와 한자로 읽기 어려운 단어의 표기, 한자의 읽는 법 표기 등에 사용되며, 곡선이 많고 부드러운 모양이 특징이에요.

히라가나의 문자와 발음

① 청음

청음은 아래 히라가나표에 있는 히라가나 기본 글자들의 발음이에요.

	あ단		い단		う단		え단		お단	
あ행	あ	a 아	い	i 이	う	u 우	え	e 에	お	o 오
か행	か	ka 카	き	ki 키	く	ku 쿠	け	ke 케	こ	ko 코
さ행	さ	sa 사	し	shi 시	す	su 스	せ	se 세	そ	so 소
た행	た	ta 타	ち	chi 치	つ	tsu 츠	て	te 테	と	to 토
な행	な	na 나	に	ni 니	ぬ	nu 누	ね	ne 네	の	no 노
は행	は	ha 하	ひ	hi 히	ふ	fu 후	へ	he 헤	ほ	ho 호
ま행	ま	ma 마	み	mi 미	む	mu 무	め	me 메	も	mo 모
や행	や	ya 야			ゆ	yu 유			よ	yo 요
ら행	ら	ra 라	り	ri 리	る	ru 루	れ	re 레	ろ	ro 로
わ행	わ	wa 와							を	wo 오
					ん	n 응				

12

❷ 탁음·반탁음

탁음은 **か**행, **さ**행, **た**행, **は**행의 청음 글자에 탁점[**濁点**(゛)]을 붙인 글자의 발음으로, ga(가), za(자), da(다), ba(바)처럼 발음해요.

か행	が	ga 가	ぎ	gi 기	ぐ	gu 구	げ	ge 게	ご	go 고
さ행	ざ	za 자	じ	ji 지	ず	zu 즈	ぜ	ze 제	ぞ	zo 조
た행	だ	da 다	ぢ	ji 지	づ	zu 즈	で	de 데	ど	do 도
は행	ば	ba 바	び	bi 비	ぶ	bu 부	べ	be 베	ぼ	bo 보

반탁음은 **は**행의 청음 글자에 반탁점[**半濁点**(°)]을 붙인 글자의 발음으로, **は**행에만 붙어 ha(하)는 pa(파), hi(히)는 pi(피)와 같이 발음해요.

は행	ぱ	pa 파	ぴ	pi 피	ぷ	pu 푸	ぺ	pe 페	ぽ	po 포

❸ 요음

요음은 い단 글자 뒤에 や행의 글자 や·ゆ·よ를 작게 붙인 글자의 발음으로, 한 음절로 발음해요.

か행	きゃ kya 캬	きゅ kyu 큐	きょ kyo 쿄	ぎゃ gya 갸	ぎゅ gyu 규	ぎょ gyo 교	
さ행	しゃ sha 샤	しゅ shu 슈	しょ sho 쇼	じゃ ja 쟈	じゅ ju 쥬	じょ jo 죠	
た행	ちゃ cha 챠	ちゅ chu 츄	ちょ cho 쵸				
な행	にゃ nya 냐	にゅ nyu 뉴	にょ nyo 뇨				
は행	ひゃ hya 햐	ひゅ hyu 휴	ひょ hyo 효	びゃ bya 뱌	びゅ byu 뷰	びょ byo 뵤	
	ぴゃ pya 퍄	ぴゅ pyu 퓨	ぴょ pyo 표				
ま행	みゃ mya 먀	みゅ myu 뮤	みょ myo 묘				
ら행	りゃ rya 랴	りゅ ryu 류	りょ ryo 료				

❹ 촉음

촉음은 つ를 작게 쓴 글자의 발음으로, 우리말의 받침과 비슷하지만 한 박자로 발음해야 해요. 뒤에 오는 행에 따라 ㄱ, ㅅ, ㄷ, ㅂ처럼 발음해요.

작가	사ㄱ카 さっか	sakka	か행 앞의 촉음 つ는 'ㄱ'처럼 발음해요.
잡지	자ㅅ시 ざっし	zassi	さ행 앞의 촉음 つ는 'ㅅ'처럼 발음해요.
모레	아사ㄷ테 あさって	asatte	た행 앞의 촉음 つ는 'ㄷ'처럼 발음해요.
삿포로	사ㅂ포로 さっぽろ	sapporo	ぱ행 앞의 촉음 つ는 'ㅂ'처럼 발음해요.

❺ 발음 「ん」

ん은 우리말의 받침과 비슷하지만 한 박자로 발음해야 해요. 뒤에 오는 행에 따라 ㅁ, ㄴ, ㅇ, ㄴ과 ㅇ의 중간으로 발음해요.

선배	세ㅁ파이 せんぱい	sempai	뒤에 ま, ば, ぱ행이 오면 'ㅁ'으로 발음해요.
한자	카ㄴ지 かんじ	kanji	뒤에 さ, ざ, た, だ, な, ら행이 오면 'ㄴ'으로 발음해요.
한국	카ㅇ코쿠 かんこく	kaŋkoku	뒤에 か, が행이 오면 'ㅇ'으로 발음해요.
책	호ㅇ ほん	hoN	뒤에 あ, は, や, わ행이 오거나, ん이 맨 끝이면 'ㄴ과 ㅇ의 중간'으로 발음해요.

❻ 장음

장음은 같은 모음이 이어질 때 앞 글자를 길게 늘여 발음하는 것이에요.

할머니	오바ー사ㅇ おばあさん	oba-saN	あ단 뒤에 あ가 오면 장음으로 발음해요.
형/오빠	오니ー사ㅇ おにいさん	oni-saN	い단 뒤에 い가 오면 장음으로 발음해요.
숫자	스ー지 すうじ	su-ji	う단 뒤에 う가 오면 장음으로 발음해요.
누나/ 언니	오네ー사ㅇ おねえさん	one-saN	え단 뒤에 え나 い가 오면 장음으로 발음해요.
얼음	코ー리 こおり	ko-ri	お단 뒤에 お나 う가 오면 장음으로 발음해요.

 # 청음

| あ행 | あ | い | う | え | お |

Track01-01

히라가나 「あ」행은 한국어의 '아', '이', '우', '에', '오'와 발음이 비슷해요.

- **あ a [아]** 입을 크게 벌리고 턱을 자연스럽게 내려 너무 세지 않게 발음해요.
- **い i [이]** 입술을 옆으로 약간 당겨 너무 세지 않게 발음해요.
- **う u [우]** 입술을 둥글게 모으고 '우'와 '으'의 중간 정도로 발음해요.
- **え e [에]** 입술을 너무 크게 벌리지 말고 발음해요.
- **お o [오]** 입술을 둥글게 모으고 너무 세지 않게 발음해요.

히라가나 「あ」행의 글자를 한 글자 씩 듣고 따라 쓰면서 익혀 봅시다.

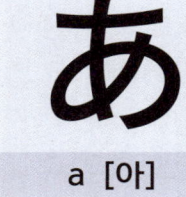
a [아]

Track01-02

❗ ①획은 살짝 위로, ②획은 살짝 오른쪽으로 휘어 쓰세요.

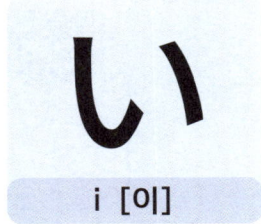 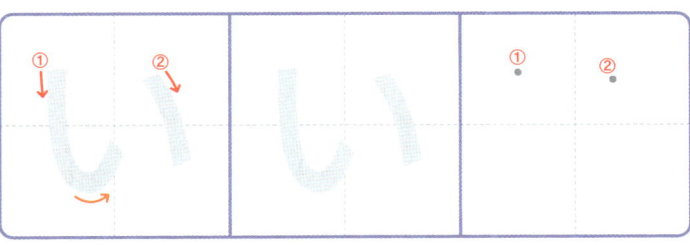 

i [이]

Track01-03

⚠ ①획은 끝을 확실하게 꺾고, ②획은 ①획보다 짧게 쓰세요.

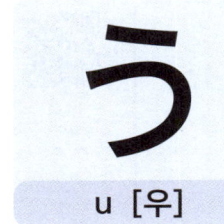 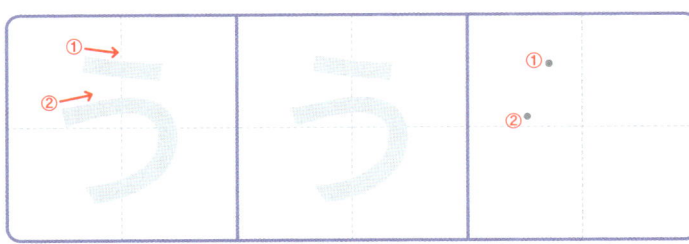 

u [우]

Track01-04

⚠ ②획의 끝을 너무 길게 내리지 말고 균형을 맞춰 쓰세요.

히라가나 | 청음

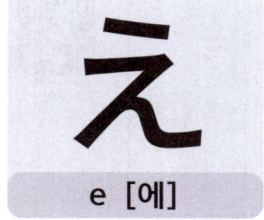
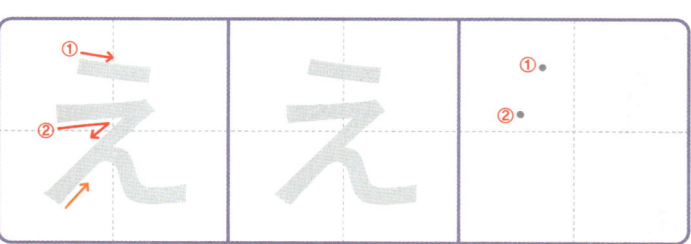

❗ ②획은 끊지 말고 한 번에 끝까지 이어서 쓰세요.

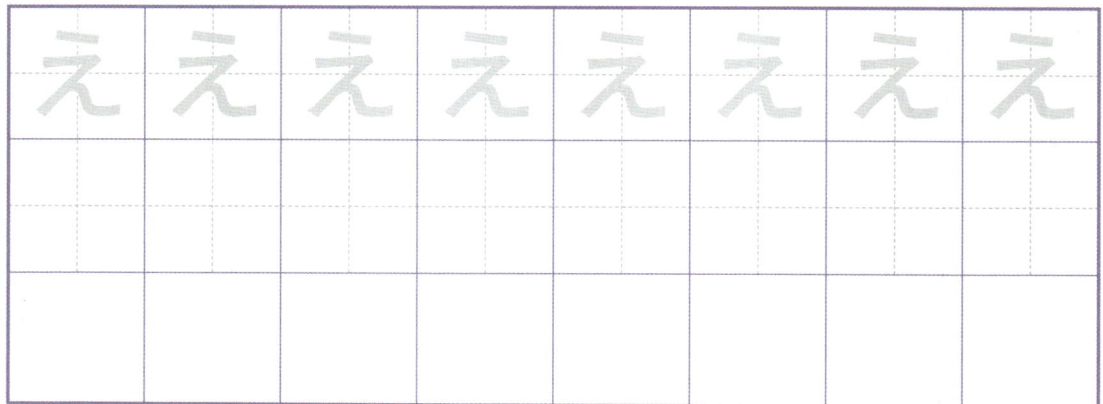

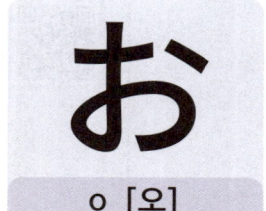
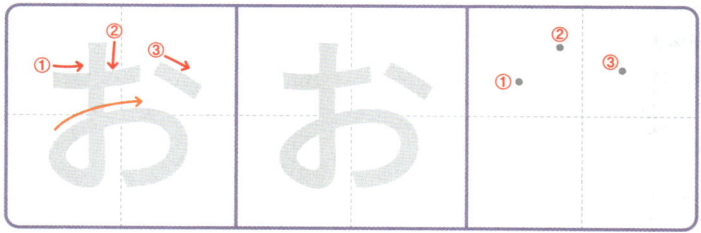

❗ ②획의 작은 원은 삼각형을 생각하며 쓰세요.

あ행 모아 쓰기

あ い う え お

あ い う え お

| か행 | か | き | く | け | こ |

히라가나 「か」행은 한국어의 '카', '키', '쿠', '케', '코'와 발음이 비슷해요.

- **か ka [카]** 입을 あ보다 조금 작게 벌리고 '카'와 '가'의 중간 정도로 발음해요.
- **き ki [키]** 입술을 옆으로 약간 당겨 '키'와 '기'의 중간 정도로 발음해요.
- **く ku [쿠]** 입술을 약간 둥글게 모으고 목 안쪽을 열어 '쿠'와 '크'의 중간 정도로 발음해요.
- **け ke [케]** '케'와 '게'의 중간 정도로 발음해요.
- **こ ko [코]** '코'와 '고'의 중간 정도로 발음해요.

히라가나 「か」행의 글자를 한 글자 씩 듣고 따라 쓰면서 익혀 봅시다.

ka [카]

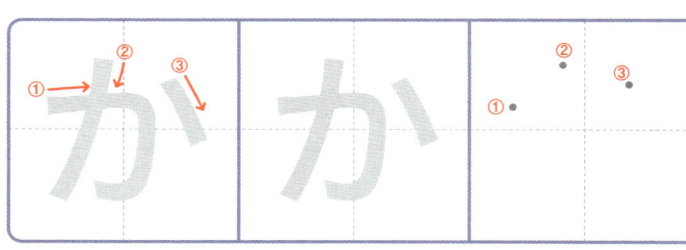

❗ ①획은 직각이 아니라 약간 둥글게 꺾어 쓰세요.

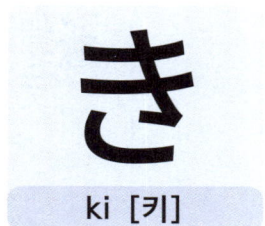
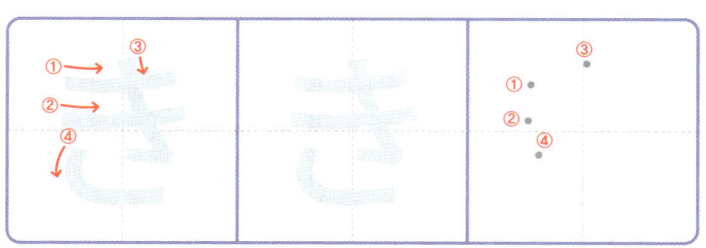

③획은 ①, ②획의 중간에서 약간 오른쪽을 대각선으로 관통해서 쓰세요.

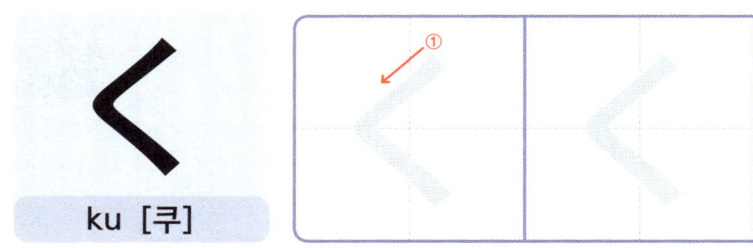

한글 'ㄴ' 이 아니라 확실하게 꺾쇠(<) 모양으로 쓰세요.

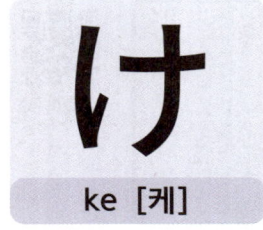
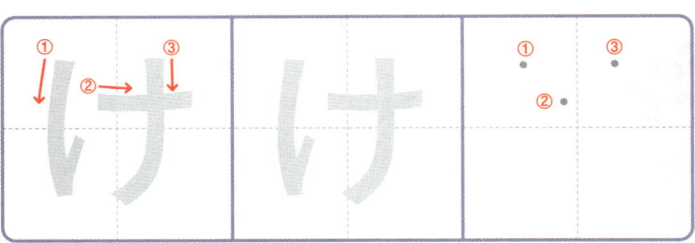

❗ ①획과 ②, ③획이 너무 떨어지지 않게 균형을 맞춰 쓰세요.

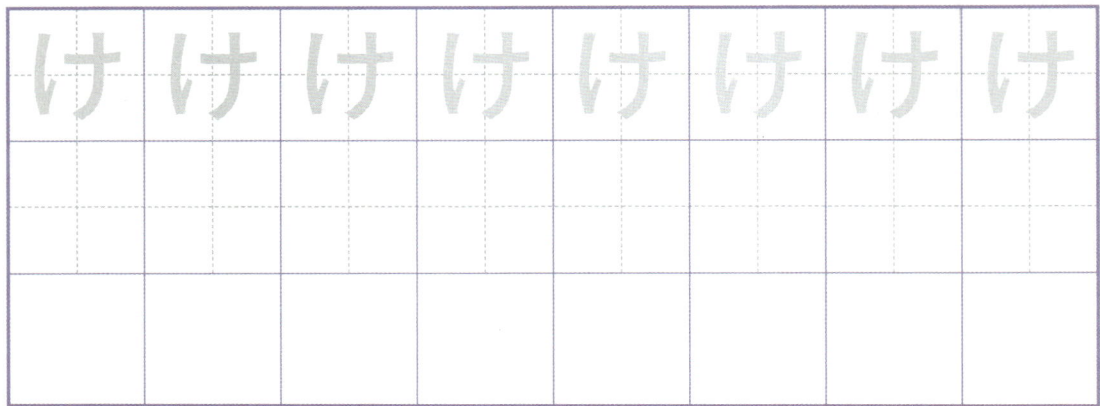

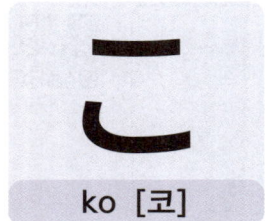
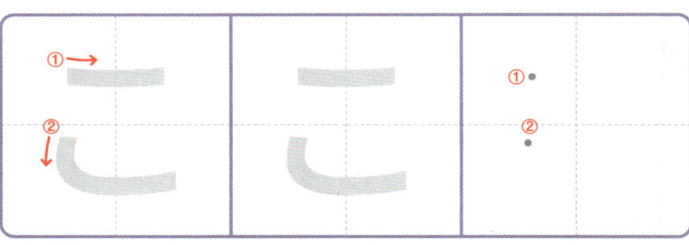

❗ ②획은 ①획에서 바로 이어진다는 느낌으로 부드럽게 곡선을 주어 쓰세요.

か행 모아 쓰기

か	き	く	け	こ
か	き	く	け	こ

| さ행 | さ | し | す | せ | そ |

Track01-13

히라가나 「さ」행은 한국어의 '사', '시', '스', '세', '소'와 발음이 비슷해요.

- **さ sa [사]** 혀를 윗잇몸 뒤에 대고 '싸'와 '사'의 중간 정도로 발음해요.
- **し shi [시]** 한국어의 '시'보다는 영어의 'she'처럼 소리가 옆으로 미세하게 빠지도록 발음해요.
- **す su [스]** 입술을 약간만 둥글게 모으고 '스'와 '수'의 중간 정도로 발음해요.
- **せ se [세]** 입을 크게 벌리고 또렷하게 발음해요.
- **そ so [소]** 입술을 둥글게 모으고 자연스럽게 발음해요.

 히라가나 「さ」행의 글자를 한 글자 씩 듣고 따라 쓰면서 익혀 봅시다.

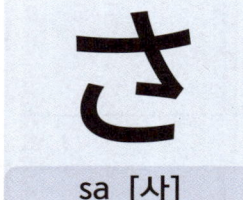
sa [사]

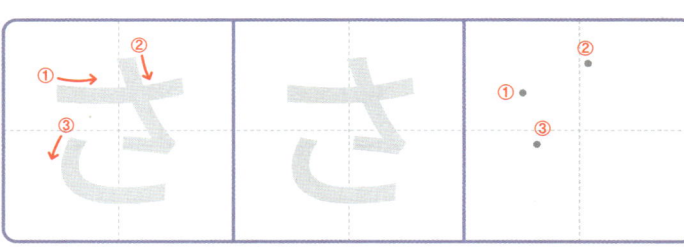

Track01-14

❗ ③획은 ②획에서 바로 이어진다는 느낌으로 부드럽게 곡선을 주어 쓰세요.

shi [시]

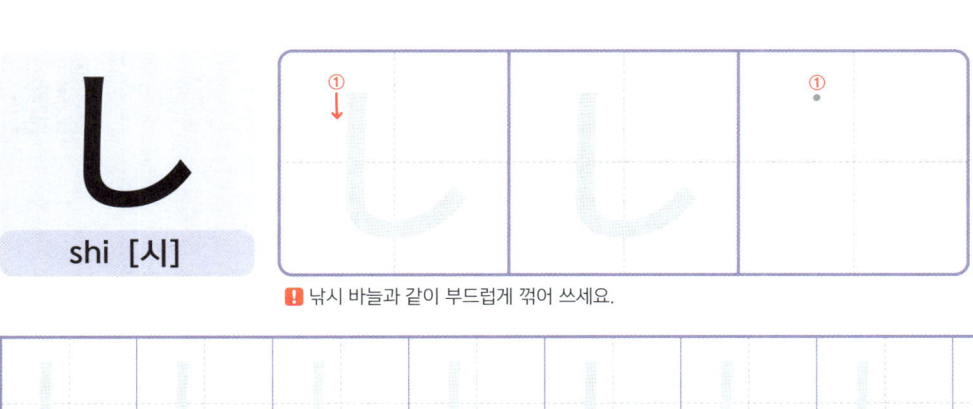

⚠ 낚시 바늘과 같이 부드럽게 꺾어 쓰세요.

su [스]

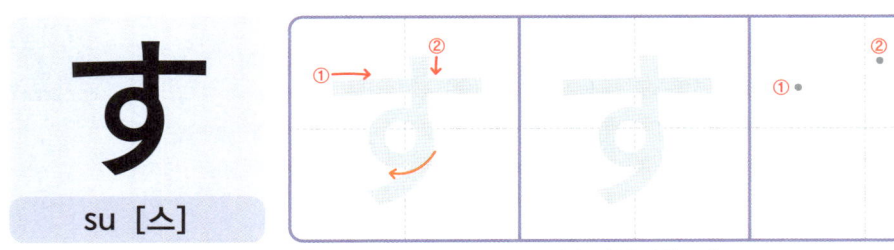

⚠ 가운데 동그라미가 너무 크지 않게 균형을 맞춰 쓰세요.

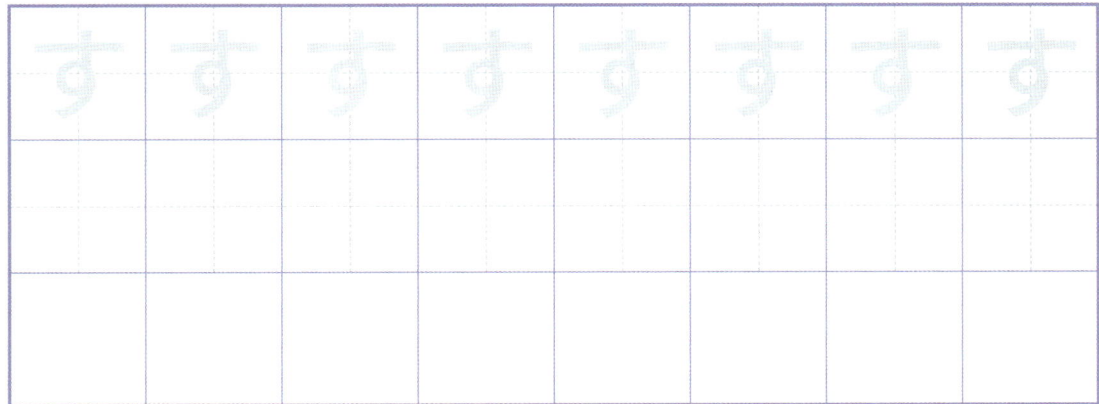

CHAPTER 1 히라가나 쓰면서 익히기

히라가나 | 청음

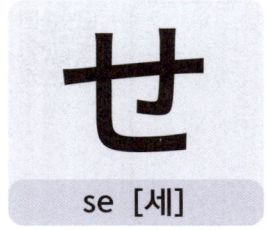
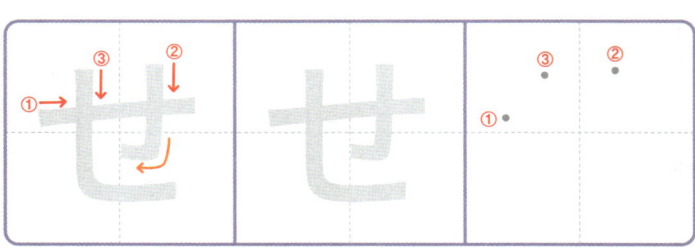

Track01-17

❗ 획순에 주의하고, ②획은 확실하게 안쪽으로 꺾어 쓰세요.

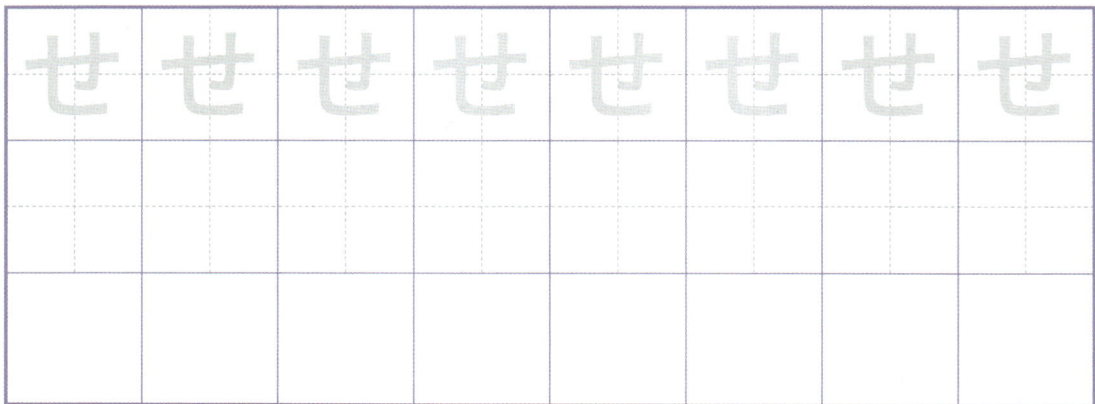

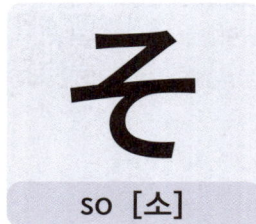
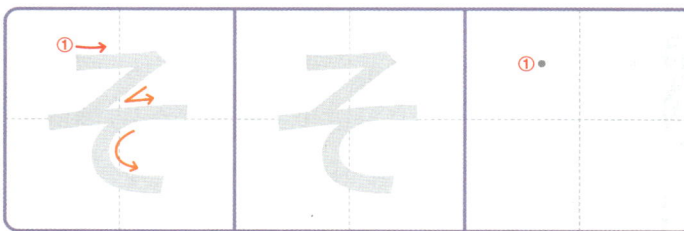

Track01-18

❗ 펜을 떼지 말고, 중앙을 기준으로 흐르듯이 한 번에 쓰세요.

さ행 모아 쓰기

さ し す せ そ

さ し す せ そ

た행	た	ち	つ	て	と

Track01-19

히라가나 「た」행은 한국어의 '타', '치', '츠', '테', '토'와 발음이 비슷해요.

- た　ta [타]　너무 세지 않게 '타'와 '다'의 중간 정도로 발음해요.
- ち　chi [치]　혀를 윗잇몸에 대고 '치'와 '찌'의 중간 정도로 발음해요.
- つ　tsu [츠]　혀를 윗잇몸에 대고 입을 모아 '츠'와 '쯔'의 중간 정도로 발음해요.
- て　te [테]　너무 세지 않게 '테'와 '데'의 중간 정도로 발음해요.
- と　to [토]　너무 세지 않게 '토'와 '도'의 중간 정도로 발음해요.

히라가나 「た」행의 글자를 한 글자 씩 듣고 따라 쓰면서 익혀 봅시다.

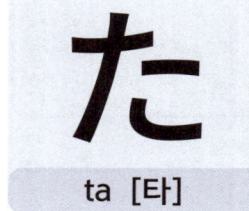
ta [타]

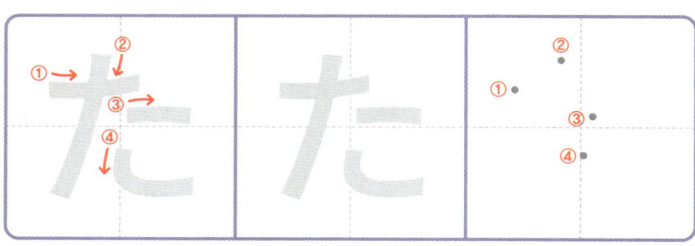

Track01-20

⚠ ②획은 ①획과 수직이 아니라 대각선으로 쓰세요.

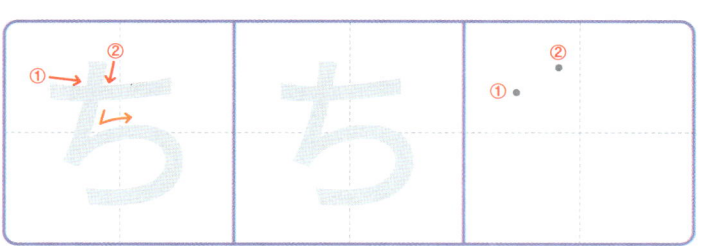

Track01-21

❗ 「さ(sa)」와 달리 ②획은 한 번에 쓰세요.

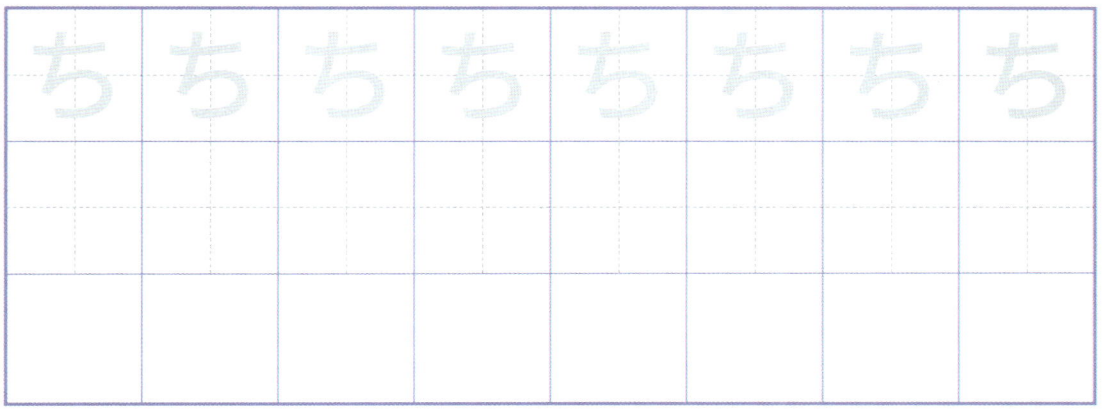

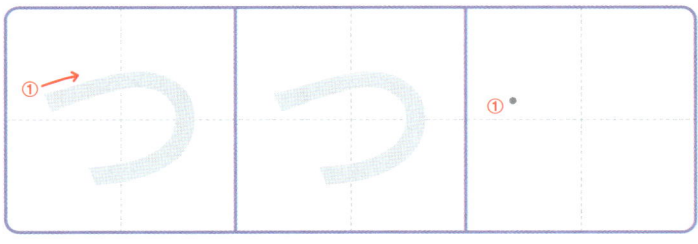

Track01-22

❗ 가로로 긴 직사각형을 에워싸는 느낌으로 쓰세요.

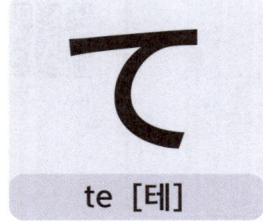
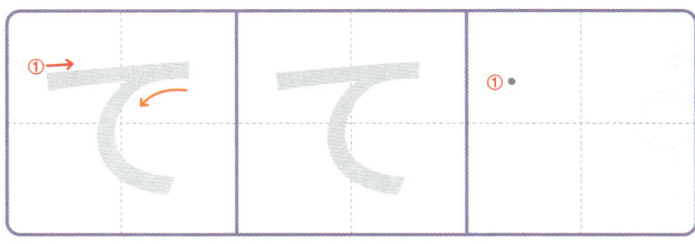

⚠ 안쪽으로 들어가는 곡선이 시작점을 넘어가지 않도록 쓰세요.

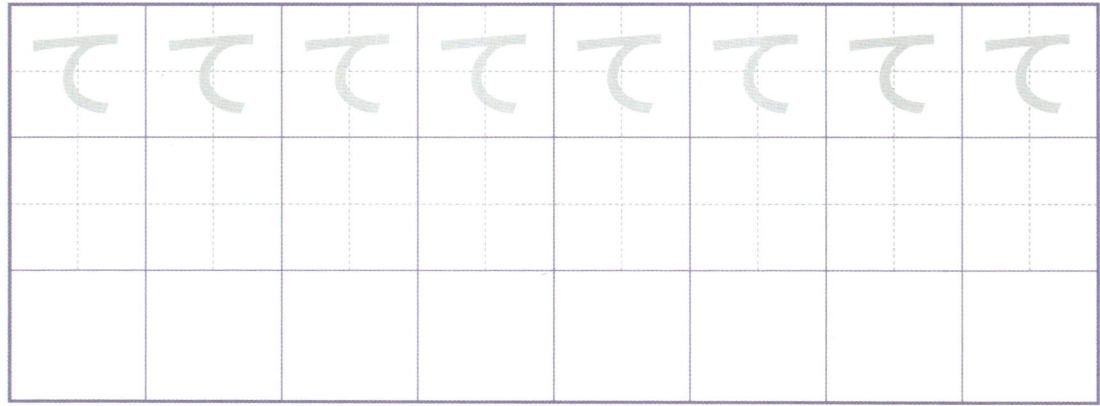

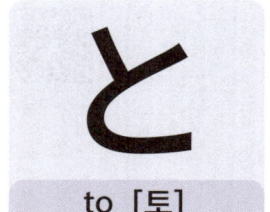
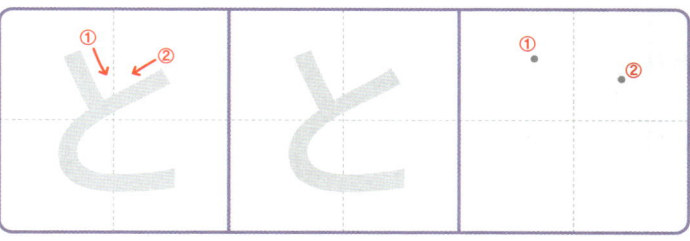

⚠ ①획은 살짝 대각선으로 쓰고, ①획과 ②획을 붙여 쓰세요.

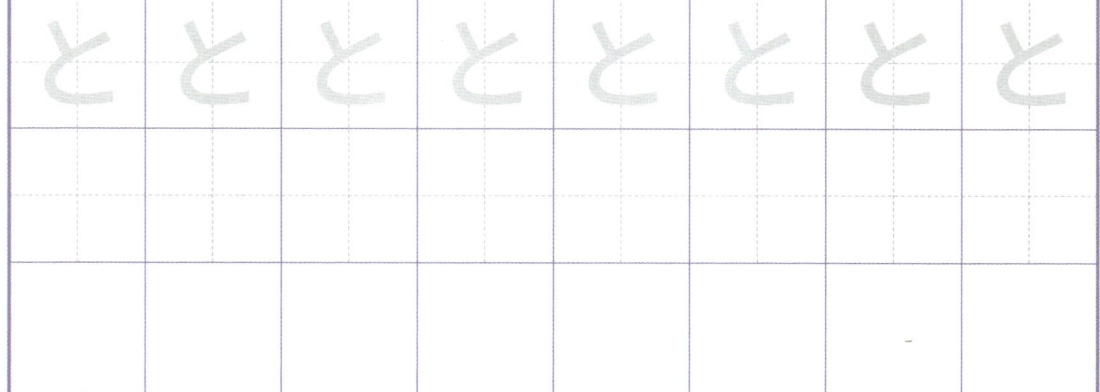

た행 모아 쓰기

た ち つ て と

た ち つ て と

な행	な	に	ぬ	ね	の

히라가나 「な」행은 한국어의 '나', '니', '누', '네', '노'와 발음이 비슷해요.

- **な** na[나] 혀 끝을 윗잇몸에 살짝 붙였다 떼며 '나'와 거의 동일하게 발음해요.
- **に** ni[니] 혀 끝을 윗니 뒷부분에 붙여 '니'와 거의 동일하게 발음해요.
- **ぬ** nu[누] 입술을 조금만 오므리고 '누'와 '느'의 중간 정도로 발음해요.
- **ね** ne[네] 혀 끝을 윗잇몸에 살짝 붙였다 떼며 '네'와 거의 동일하게 발음해요.
- **の** no[노] 혀 끝을 윗잇몸에 살짝 붙였다 떼며 '노'와 거의 동일하게 발음해요.

 히라가나 「な」행의 글자를 한 글자 씩 듣고 따라 쓰면서 익혀 봅시다.

na [나]

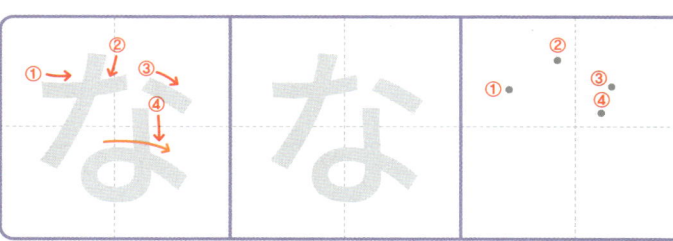

❗ ①, ②획과 ③, ④획 사이에 충분히 공간을 두고 쓰세요.

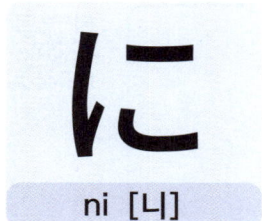 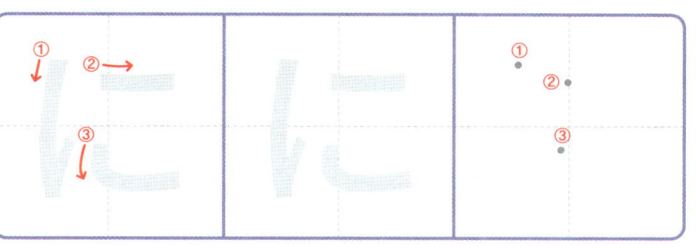 

①획의 끝을 확실하게 꺾고, ①, ②, ③획을 흐르듯이 쓰세요.

 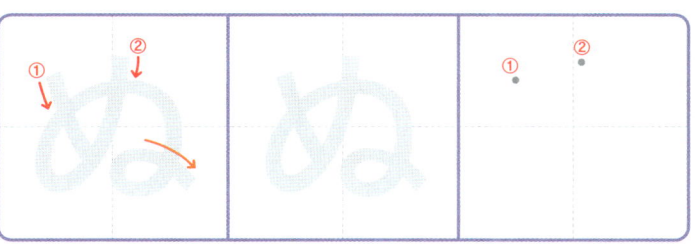 

②획의 끝을 돼지 꼬리처럼 말아 쓰세요.

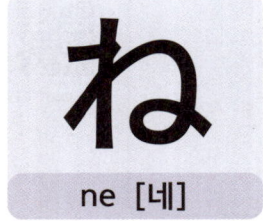 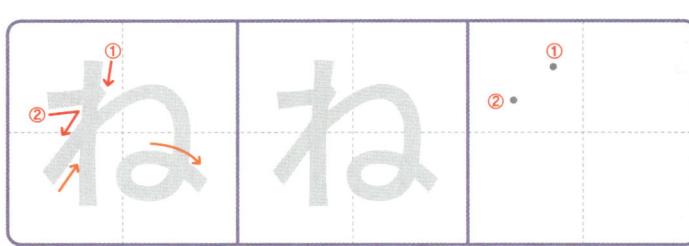 

ne [네]

Track01-29

❗ ②획의 끝을 돼지 꼬리처럼 말아 쓰세요.

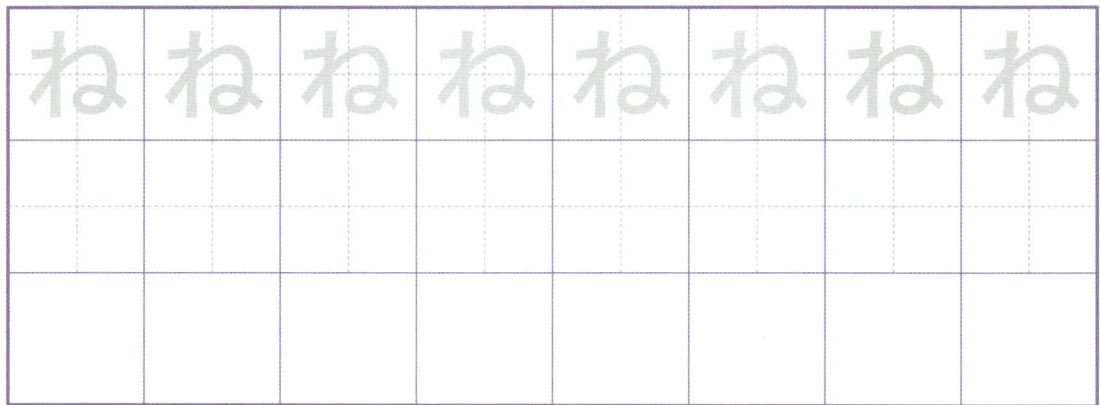

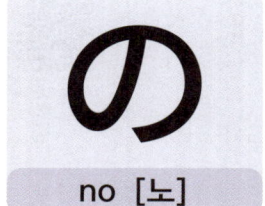  

no [노]

Track01-30

❗ 정중앙을 기준으로 원을 생각하며 시작점을 감싸듯 굴려 쓰세요.

な행 모아 쓰기

な に ぬ ね の

な に ぬ ね の

| は행 | は | ひ | ふ | へ | ほ |

Track01-31

히라가나 「は」행은 한국어의 '하', '히', '후', '헤', '호'와 발음이 비슷해요.

- は ha[하] 숨을 약간 내쉬면서 발음해요.(참고로 조사로 쓰일 때는 '와'로 발음해요.)
- ひ hi [히] 혀를 입 윗 천장에 가깝게 두고 숨을 약간 내쉬면서 발음해요.
- ふ fu [후] 입술 사이로 바람을 내뿜으며 발음해요.
- へ he [헤] 입술을 너무 크게 벌리지 않고 숨을 약간 내쉬면서 발음해요.
- ほ ho [호] 입술을 둥글게 모으고 숨을 약간 내쉬면서 발음해요.

히라가나 「は」행의 글자를 한 글자 씩 듣고 따라 쓰면서 익혀 봅시다.

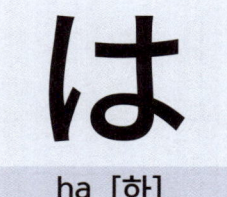
ha [하]

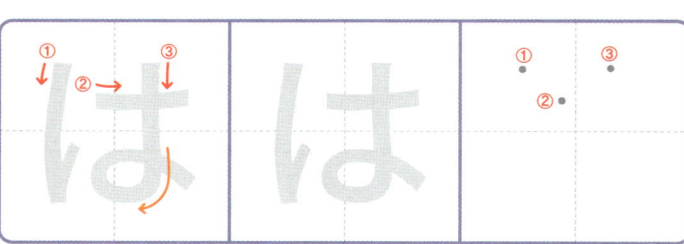

Track01-32

❗ ③획은 ②획의 중간보다 살짝 오른쪽을 관통하게 쓰세요.

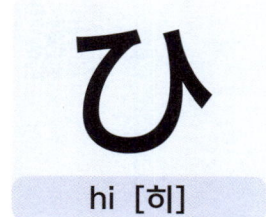
hi [히]

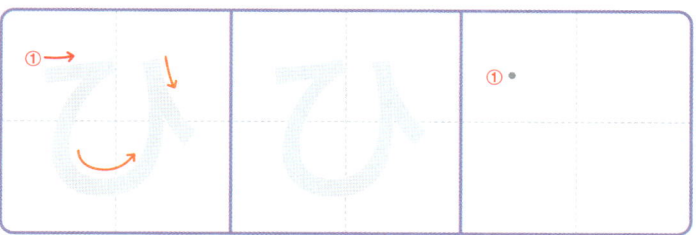

⚠️ 시작은 살짝 올리고, 끝은 부드럽게 내려 쓰세요.

fu [후]

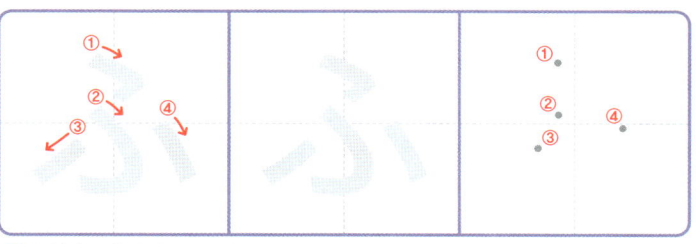

⚠️ ①획과 ②획이 자연스럽게 연결된다는 느낌으로 쓰세요.

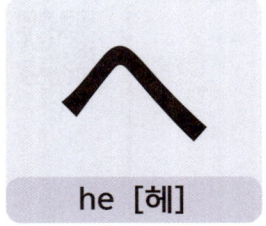 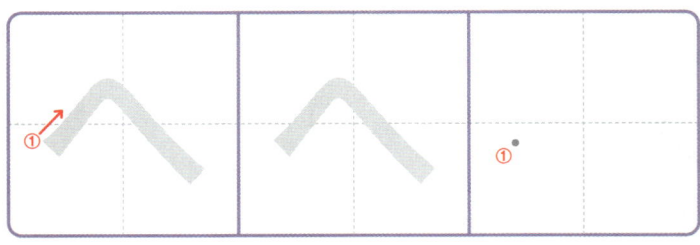 

❗ 왼쪽은 짧게, 오른쪽은 길게 산을 그리듯 한 번에 쓰세요.

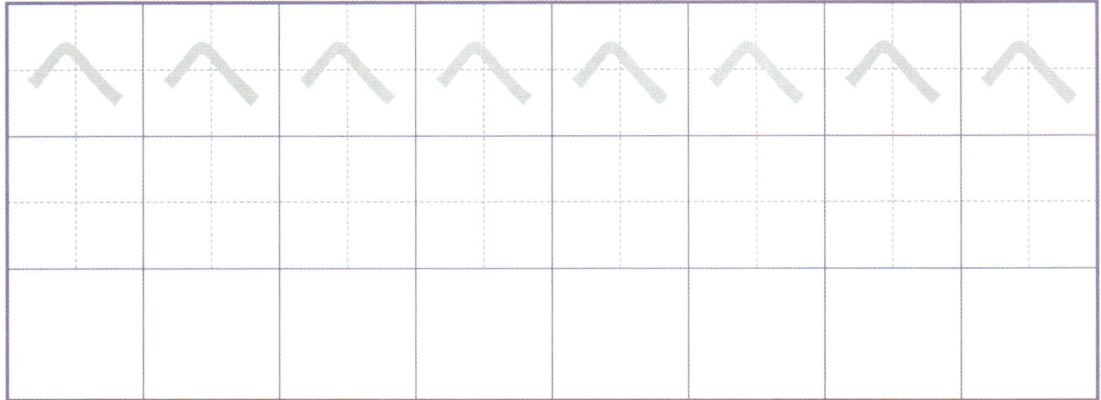

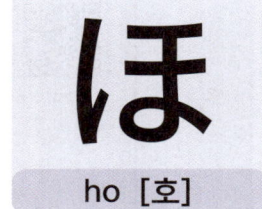 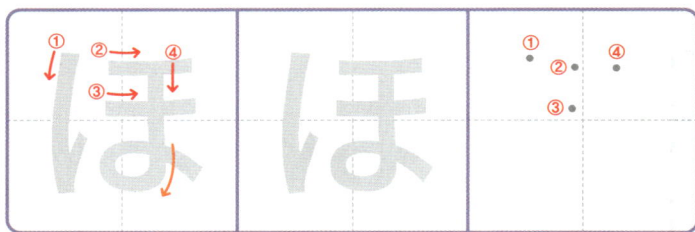 

❗ ④획은 ②획과 ③획의 중간보다 살짝 오른쪽을 관통하게 쓰세요.

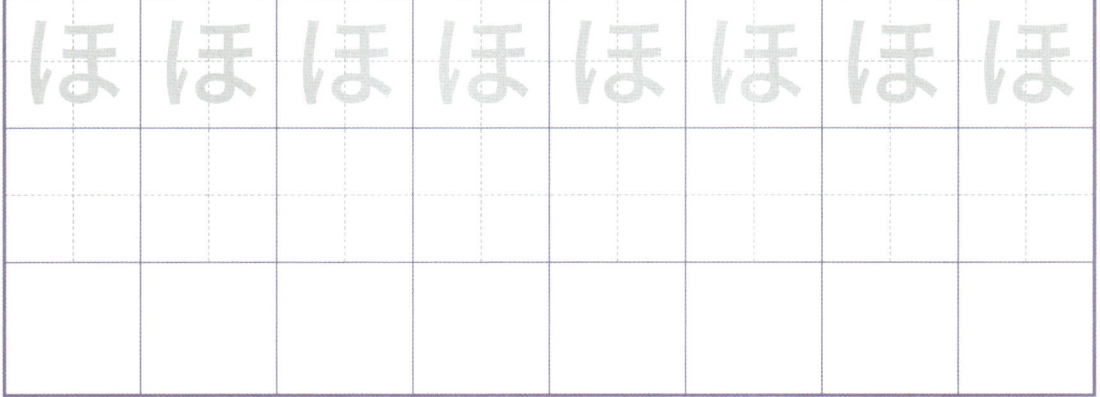

は행 모아 쓰기

は	ひ	ふ	へ	ほ
は	ひ	ふ	へ	ほ

| ま행 | ま | み | む | め | も |

Track01-37

히라가나 「ま」행은 한국어의 '마', '미', '무', '메', '모'와 발음이 비슷해요.

ま ma [마]   '마'와 거의 동일하게 발음해요.
み mi [미]   '미'와 거의 동일하게 발음해요.
む mu [무]   '무'와 거의 동일하게 발음해요.
め me [메]   '메'와 거의 동일하게 발음해요.
も mo [모]   '모'와 거의 동일하게 발음해요.

 히라가나 「ま」행의 글자를 한 글자 씩 듣고 따라 쓰면서 익혀 봅시다.

ma [마]

Track01-38

❗ ③획의 동그라미가 너무 크거나 많이 삐져 나오지 않게 주의해서 쓰세요.

ま	ま	ま	ま	ま	ま	ま	ま

 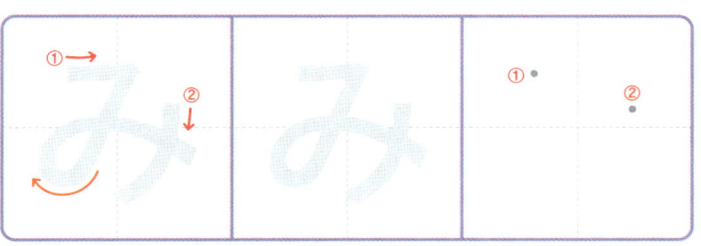 

❗ 동그라미가 너무 크지 않게 주의해서 쓰세요.

 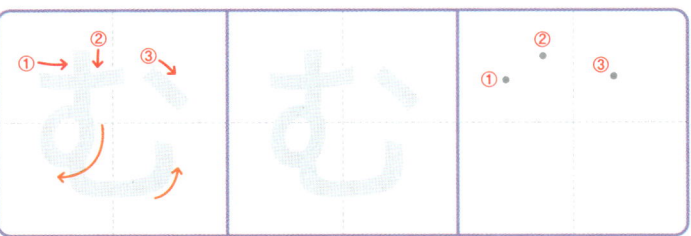 

❗ 동그라미가 너무 크지 않게, ②획은 끝을 확실하게 꺾어 올려 쓰세요.

 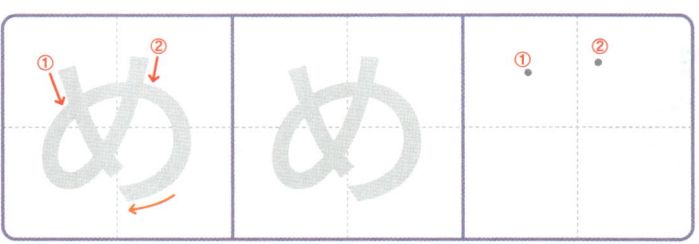

❗ ②획은 ①획을 감싸 듯 쓰세요.「ぬ(nu)」와 자주 헷갈리므로 주의하세요.

 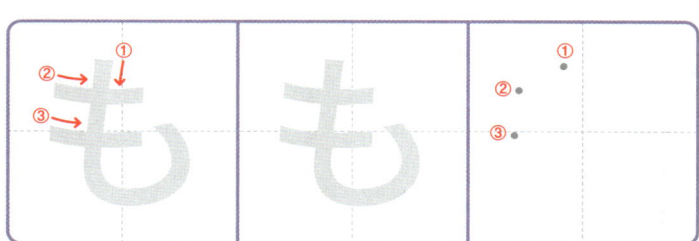

❗ ②획과 ③획이 너무 멀거나 너무 길지 않게 쓰세요.

ま행 모아 쓰기

ま み む め も

ま み む め も

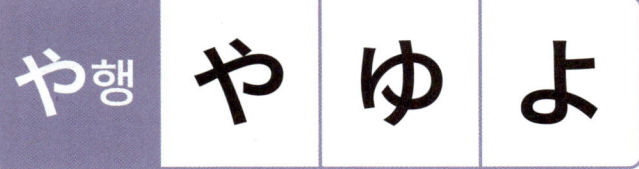 

히라가나 「や」행은 한국어의 '야', '유', '요'와 발음이 비슷해요.

や ya [야]   '야'와 거의 동일하게 발음해요.
ゆ yu [유]   입술을 둥글게 하지 말고 평평하게 해서 발음해요.
よ yo [요]   '요'와 거의 동일하게 발음해요.

 히라가나 「や」행의 글자를 한 글자 씩 듣고 따라 쓰면서 익혀 봅시다.

 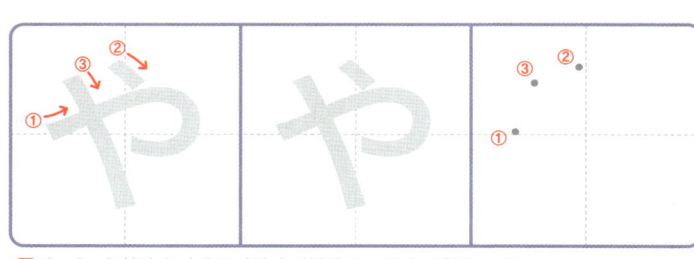 

❗ ①, ②, ③획의 순서에 주의해서 전체적으로 약간 기울게 쓰세요.

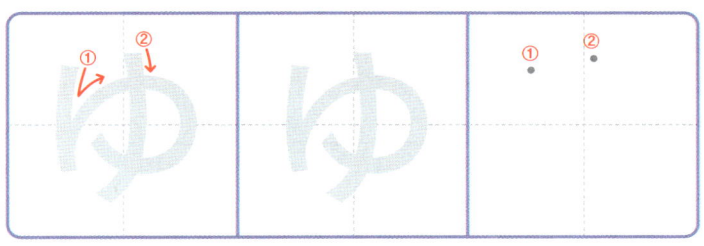

Track01-45

❗ ②획은 너무 길지 않게 균형을 맞춰 살짝 휘어 쓰세요.

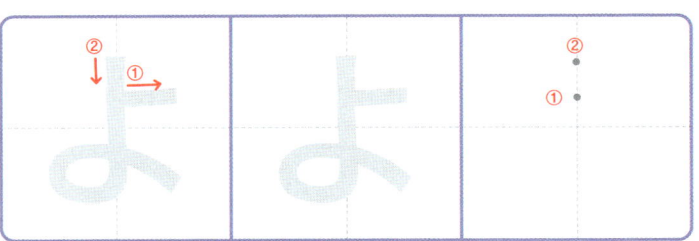

Track01-46

❗ ②획의 작은 원은 삼각형을 생각하며 쓰세요.

や행 모아 쓰기

| ら행 | ら | り | る | れ | ろ |

Track01-47

히라가나 「ら」행은 한국어의 '라', '리', '루', '레', '로'와 발음이 비슷해요.

ら ra [라] '라'보다 짧고 빠르게 발음해요.
り ri [리] '리'보다 짧고 빠르게 발음해요.
る ru [루] '루'보다 짧고 빠르게 발음해요.
れ re [레] '레'보다 짧고 빠르게 발음해요.
ろ ro [로] '로'보다 짧고 빠르게 발음해요.

히라가나 「ら」행의 글자를 한 글자씩 듣고 따라 쓰면서 익혀 봅시다.

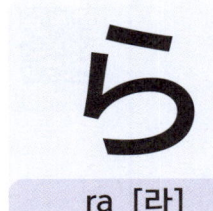
ra [라]

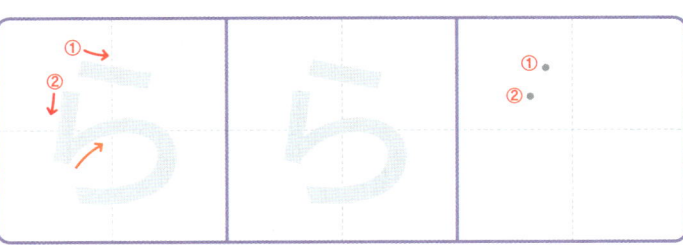

Track01-48

⚠ ①획과 ②획이 붙지 않게 쓰세요.

히라가나 | 청음 47

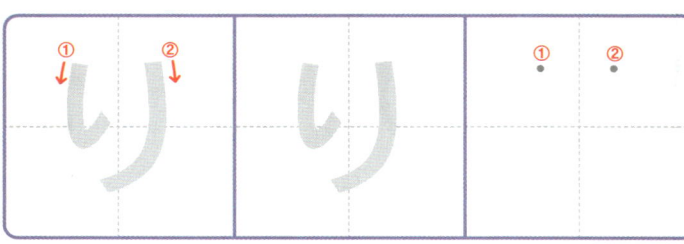

❗ ①획은 끝을 살짝 꺾어 올려 ②획과 이어지는 느낌으로 쓰세요.

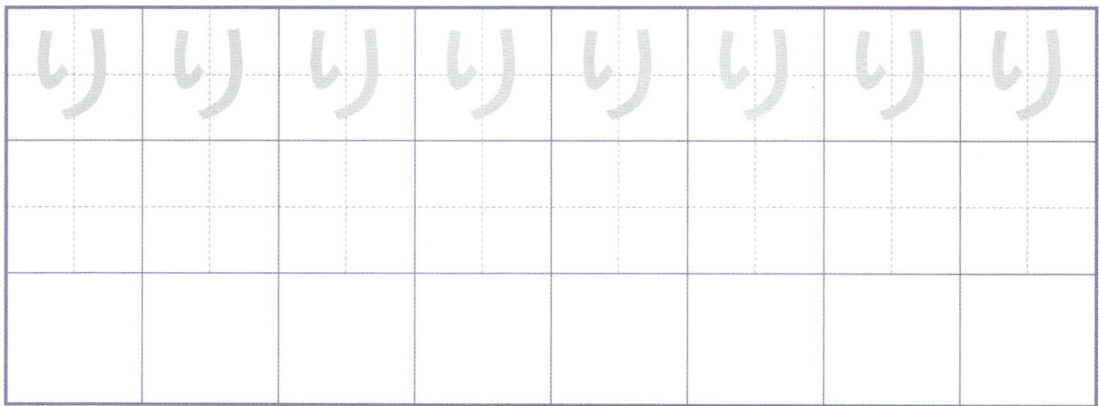

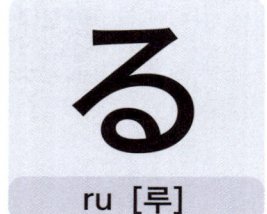

❗ 한 획으로, 끝은 돼지 꼬리처럼 말아 쓰세요.

 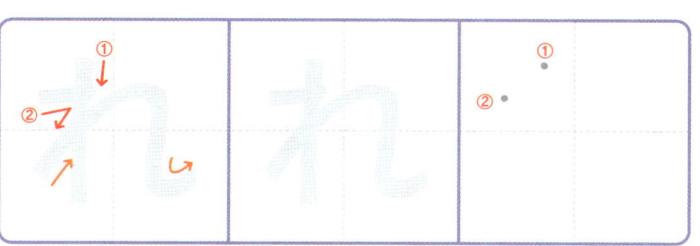

❗ ②획의 끝을 꺾어 올리세요. 「ね(ne)」와 자주 헷갈리므로 주의하세요.

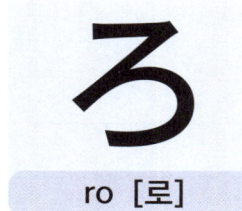 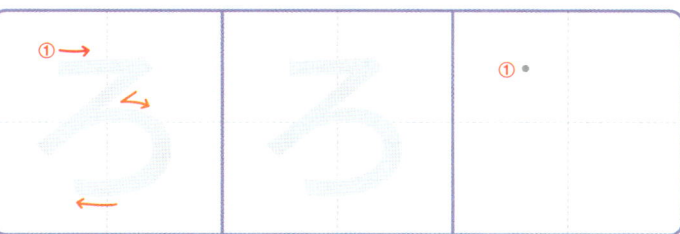 

❗ 끝은 말지 말고 둥글게 마무리 하세요. 「る(ru)」와 자주 헷갈리므로 주의하세요.

ら행 모아 쓰기

| ら | り | る | れ | ろ |

わ행·ん   わ を ん

Track01-53

히라가나 「わ」행·「ん」은 한국어의 '와', '오', '응'과 발음이 비슷해요.

- わ wa [와]   입술을 약간 둥글게 모으고 부드럽게 발음해요.
- を wo [오]   입술을 둥글게 모으고 너무 세지 않게 발음해요.
- ん n [응]   코에서 부드럽게 울리는 느낌으로 발음해요.

히라가나 「わ」행·「ん」의 글자를 한 글자 씩 듣고 따라 쓰면서 익혀 봅시다.

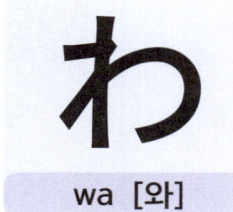
wa [와]

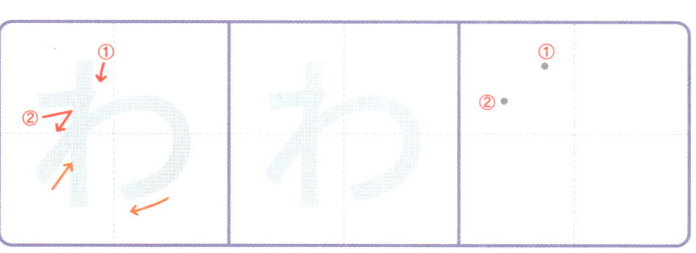

Track01-54

❗ ②획의 끝은 말지 말고 둥글게 마무리 하세요. 「ね(ne)」「れ(re)」와 자주 헷갈리므로 주의하세요.

히라가나 | 청음 51

 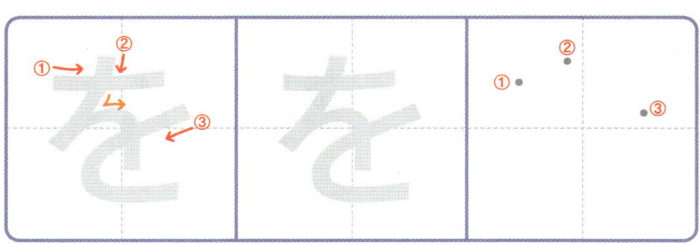 

❗ ②획의 끝은 수직으로 곧게 내리고, ③획은 ②획을 확실하게 관통해서 쓰세요.

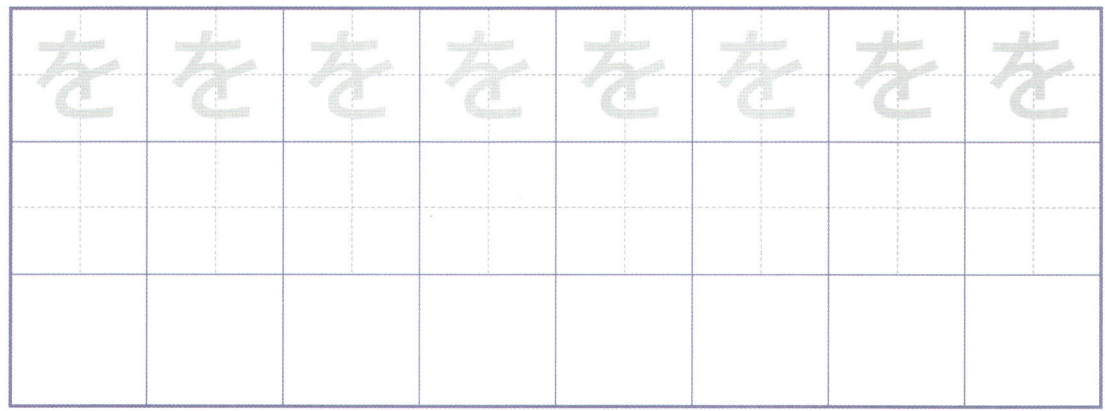

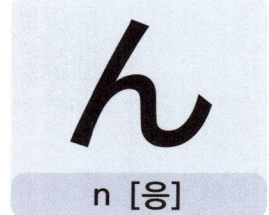 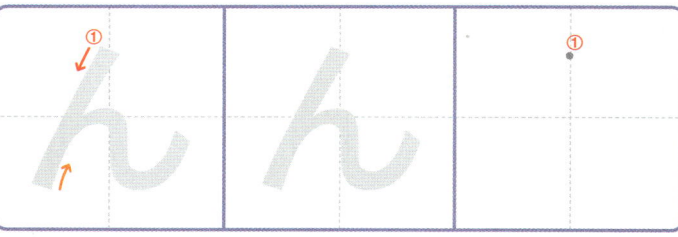 

❗ 펜을 떼지 말고, 한 번에 쓰세요.

わ행·ん 모아 쓰기

わ を ん

 # 체크! 체크!

❶ 끝말잇기!
발음을 보고 올바른 히라가나를 써 보세요.

세탁기

세	응	타	쿠	키
	ん			

여우

키	츠	네

네	코

고양이

박쥐

코	우	모	리
	う		

다람쥐

리	스

스	키

좋아함

북쪽

키	타

타	네

씨앗

❷ 일본 여행 속 히라가나 읽기!

이동, 숙박, 식사, 쇼핑, 관광할 때 볼 수 있는 히라가나 글자를 읽어 보세요.

이동
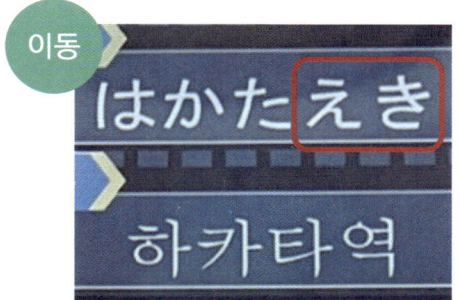
역

식사
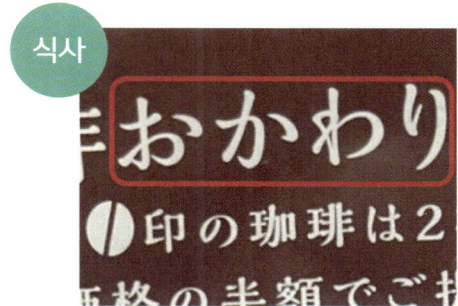
리필

쇼핑

추천

쇼핑

약

관광

어서오세요

관광

축제

① 정답 : せんたくき → きつね → ねこ → こうもり → りす → すき → きた → たね
② 정답 : 에키 / 오카와리 / 오스스메 / 쿠스리 / 요-코소 / 마츠리

# 2 탁음·반탁음

 が행

Track01-57

탁점은 맨 마지막에 안쪽부터 차례대로 위에서 아래로 찍어 그려요.

が ga [가]

ぎ gi [기]

ぐ gu [구]

げ ge [게]

ご go [고]

 ざ행

Track01-58

ざ
za [자]

じ
ji [지]

ず
zu [즈]

ぜ
ze [제]

ぞ
zo [조]

だ행

Track01-59

| だ da [다] | だ | だ | | | |

| ぢ ji [지] | ぢ | ぢ | | | |

| づ zu [즈] | づ | づ | | | |

| で de [데] | で | で | | | |

| ど do [도] | ど | ど | | | |

ば행

ば					
ba [바]

び
bi [비]

ぶ
bu [부]

べ
be [베]

ぼ
bo [보]

ぱ행

반탁점은 맨 마지막에 오른쪽 위에 작게 그려요.

ぱ	ぱ	ぱ			
pa [파]					

ぴ	ぴ	ぴ			
pi [피]					

ぷ	ぷ	ぷ			
pu [푸]					

ぺ	ぺ	ぺ			
pe [페]					

ぽ	ぽ	ぽ			
po [포]					

탁음·반탁음 모아 쓰기

が	ぎ	ぐ	げ	ご
ざ	じ	ず	ぜ	ぞ
だ	ぢ	づ	で	ど
ば	び	ぶ	べ	ぼ
ぱ	ぴ	ぷ	ぺ	ぽ

3 요음

  きゃ행

요음은 원래 글자 크기의 1/2 크기로 써요.

| きゃ kya [캬] | | | | | |

| きゅ kyu [큐] | | | | | |

| きょ kyo [쿄] | | | | | |

 ぎゃ행

| ぎゃ gya [갸] | | | | | |

| ぎゅ gyu [규] | | | | | |

| ぎょ gyo [교] | | | | | |

 しゃ행

しゃ sha [샤]						
しゅ shu [슈]						
しょ sho [쇼]						

 じゃ행

じゃ ja [쟈]						
じゅ ju [쥬]						
じょ jo [죠]						

ちゃ행

ちゃ
cha [챠]

ちゅ
chu [츄]

ちょ
cho [쵸]

 にゃ행

にゃ
nya [냐]

にゅ
nyu [뉴]

にょ
nyo [뇨]

  ひゃ행

ひゃ hya [햐]

ひゅ hyu [휴]

ひょ hyo [효]

 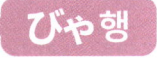 びゃ행

びゃ bya [뱌]

びゅ byu [뷰]

びょ byo [뵤]

ぴゃ pya [퍄]						
ぴゅ pyu [퓨]						
ぴょ pyo [표]						

みゃ mya [먀]						
みゅ myu [뮤]						
みょ myo [묘]						

りゃ행

りゃ rya [랴]						
りゅ ryu [류]						
りょ ryo [료]						

체크! 체크!

❶ **끝말잇기!**
발음을 보고 올바른 히라가나를 써 보세요.

| 쓰레기  | 고 | 미 | 미 | 기 | 오른쪽  |

| 우유 | 규 | 우 | 뉴 | 우 |

ぎゅ

| 팔  | 우 | 데 | 데 | 구 | 치 | 출구  |

| 조미료  | 쵸 | 우 | 미 | 료 | 우 |

| 바다  | 우 | 미 | 미 | 도 | 리 | 녹색  |

② 일본 여행 속 히라가나 읽기!

이동, 숙박, 식사, 쇼핑, 관광할 때 볼 수 있는 히라가나 글자를 읽어 보세요.

이동

정류장, 승차장

이동

표, 티켓

식사

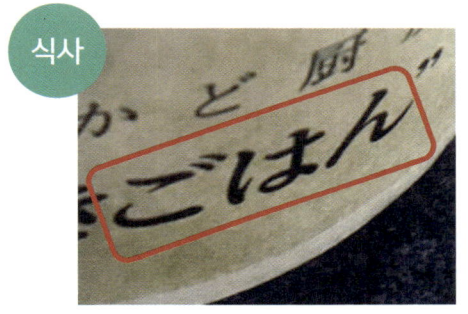

밥

식사

닭튀김

쇼핑

선물, 기념품

쇼핑

장난감

① 정답 : ごみ → みぎ → ぎゅうにゅう → うで → でぐち → ちょうみりょう → うみ → みどり
② 정답 : 노리바 / 킵푸 / 고항 / 카라아게 / 오미야게 / 오모챠

CHAPTER 2

가타카나 쓰면서 익히기

가타카나는 히라가나와 마찬가지로 총 46개로 구성되어 있으며 일대일로 발음이 대응돼요. 주로 외래어, 고유명사, 의성어나 의태어, 광고·간판 등에서 강조할 때 등에 사용되며, 간결하고 날카로운 모양이 특징이에요.

가타카나의 문자와 발음

① 청음

청음은 아래 가타카나표에 있는 가타카나 기본 글자들의 발음이에요.

가타카나 암기 동영상

	ア단	イ단	ウ단	エ단	オ단
ア행	ア a 아	イ i 이	ウ u 우	エ e 에	オ o 오
カ행	カ ka 카	キ ki 키	ク ku 쿠	ケ ke 케	コ ko 코
サ행	サ sa 사	シ shi 시	ス su 스	セ se 세	ソ so 소
タ행	タ ta 타	チ chi 치	ツ tsu 츠	テ te 테	ト to 토
ナ행	ナ na 나	ニ ni 니	ヌ nu 누	ネ ne 네	ノ no 노
ハ행	ハ ha 하	ヒ hi 히	フ fu 후	ヘ he 헤	ホ ho 호
マ행	マ ma 마	ミ mi 미	ム mu 무	メ me 메	モ mo 모
ヤ행	ヤ ya 야		ユ yu 유		ヨ yo 요
ラ행	ラ ra 라	リ ri 리	ル ru 루	レ re 레	ロ ro 로
ワ행	ワ wa 와				ヲ wo 오
			ン n 응		

❷ 탁음·반탁음

탁음은 **カ**행, **サ**행, **タ**행, **ハ**행의 청음 글자에 탁점[**濁点**(゛)]을 붙인 글자의 발음으로, ga(가), za(자), da(다), ba(바)처럼 발음해요.

カ행	ガ	ga 가	ギ	gi 기	グ	gu 구	ゲ	ge 게	ゴ	go 고
サ행	ザ	za 자	ジ	ji 지	ズ	zu 즈	ゼ	ze 제	ゾ	zo 조
タ행	ダ	da 다	ヂ	ji 지	ヅ	zu 즈	デ	de 데	ド	do 도
ハ행	バ	ba 바	ビ	bi 비	ブ	bu 부	ベ	be 베	ボ	bo 보

반탁음은 **ハ**행의 청음 글자에 반탁점[**半濁点**(°)]을 붙인 글자의 발음으로, **ハ**행에만 붙어 ha(하) 는 pa(파), hi(히)는 pi(피)와 같이 발음해요.

ハ행	パ	pa 파	ピ	pi 피	プ	pu 푸	ペ	pe 페	ポ	po 포

❸ 요음

요음은 イ단 글자 뒤에 ヤ행의 글자 ヤ·ユ·ヨ를 작게 붙인 글자의 발음으로, 한 음절로 발음해요.

カ행	キャ kya 캬	キュ kyu 큐	キョ kyo 쿄	ギャ gya 갸	ギュ gyu 규	ギョ gyo 교	
サ행	シャ sha 샤	シュ shu 슈	ショ sho 쇼	ジャ ja 쟈	ジュ ju 쥬	ジョ jo 죠	
タ행	チャ cha 챠	チュ chu 츄	チョ cho 쵸				
ナ행	ニャ nya 냐	ニュ nyu 뉴	ニョ nyo 뇨				
ハ행	ヒャ hya 햐	ヒュ hyu 휴	ヒョ hyo 효	ビャ bya 뱌	ビュ byu 뷰	ビョ byo 뵤	
	ピャ pya 퍄	ピュ pyu 퓨	ピョ pyo 표				
マ행	ミャ mya 먀	ミュ myu 뮤	ミョ myo 묘				
ラ행	リャ rya 랴	リュ ryu 류	リョ ryo 료				

❹ 촉음

촉음은 ッ를 작게 쓴 글자의 발음으로, 우리말의 받침과 비슷하지만 한 박자로 발음해야 해요. 뒤에 오는 행에 따라 ㄱ, ㅅ, ㄷ, ㅂ처럼 발음해요.

블랙	ブラック (부 라 ㄱ 쿠)	burakku	カ행 앞의 촉음 ッ는 'ㄱ'처럼 발음해요.
휘슬	ホイッスル (호 이 ㅅ 스 루)	hoissuru	サ행 앞의 촉음 ッ는 'ㅅ'처럼 발음해요.
포켓	ポケット (포 케 ㄷ 토)	poketto	タ행 앞의 촉음 ッ는 'ㄷ'처럼 발음해요.
슬리퍼	スリッパ (스 리 ㅂ 파)	surippa	パ행 앞의 촉음 ッ는 'ㅂ'처럼 발음해요.

⑤ 발음 「ン」

ン은 우리말의 받침과 비슷하지만 한 박자로 발음해야 해요. 뒤에 오는 행에 따라 ㅁ, ㄴ, ㅇ, ㄴ과 ㅇ의 중간으로 발음해요.

샘플	사 ㅁ 푸 루 サンプル	sampuru	뒤에 マ, バ, パ행이 오면 'ㅁ'으로 발음해요.
엔지니어	에 ㄴ 지 니 아 エンジニア	enjinia	뒤에 サ, ザ, タ, ダ, ナ, ラ행이 오면 'ㄴ'으로 발음해요.
몽골	모 ㅇ 고 루 モンゴル	moŋgoru	뒤에 カ, ガ행이 오면 'ㅇ'으로 발음해요.
레스토랑	레 스 토 라 ㅇ レストラン	resutoraN	뒤에 ア, ハ, ヤ, ワ행이 오거나, ン이 맨 끝이면 'ㄴ과 ㅇ의 중간'으로 발음해요.

⑥ 장음

가타카나의 장음은 기호 「ー」로 표기하며, 앞 글자를 길게 늘여 발음하는 것이에요.

게임	게 - 무 ゲーム	스테이크	스 테 - 키 ステーキ
노트	노 - 토 ノート	볼펜	보 - 루 페 ㅇ ボールペン
커피	코 - 히 - コーヒー	서비스	사 - 비 스 サービス
택시	타 쿠 시 - タクシー	캘린더	카 레 ㄴ 다 - カレンダー
샤워	샤 와 - シャワー	슈퍼	스 - 파 - スーパー

 # 청음

| ア행 | ア | イ | ウ | エ | オ |

가타카나 「ア」행은 한국어의 '아', '이', '우', '에', '오'와 발음이 비슷해요.

- ア a [아] 입을 크게 벌리고 턱을 자연스럽게 내려 너무 세지 않게 발음해요.
- イ i [이] 입술을 옆으로 약간 당겨 너무 세지 않게 발음해요.
- ウ u [우] 입술을 둥글게 모으고 '우'와 '으'의 중간 정도로 발음해요.
- エ e [에] 입술을 너무 크게 벌리지 않고 발음해요.
- オ o [오] 입술을 둥글게 모으고 너무 세지 않게 발음해요.

 가타카나 「ア」행의 글자를 한 글자 씩 듣고 따라 쓰면서 익혀 봅시다.

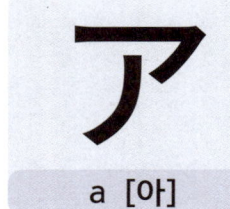

a [아]

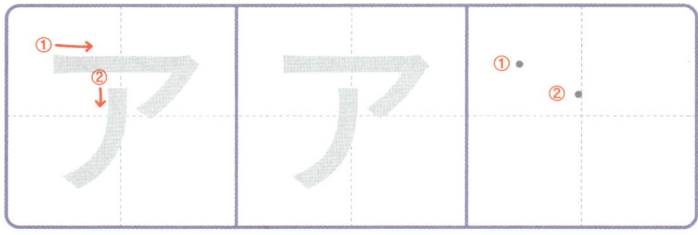

❗ ②획은 ①획과 조금 떨어뜨려 쓰세요.

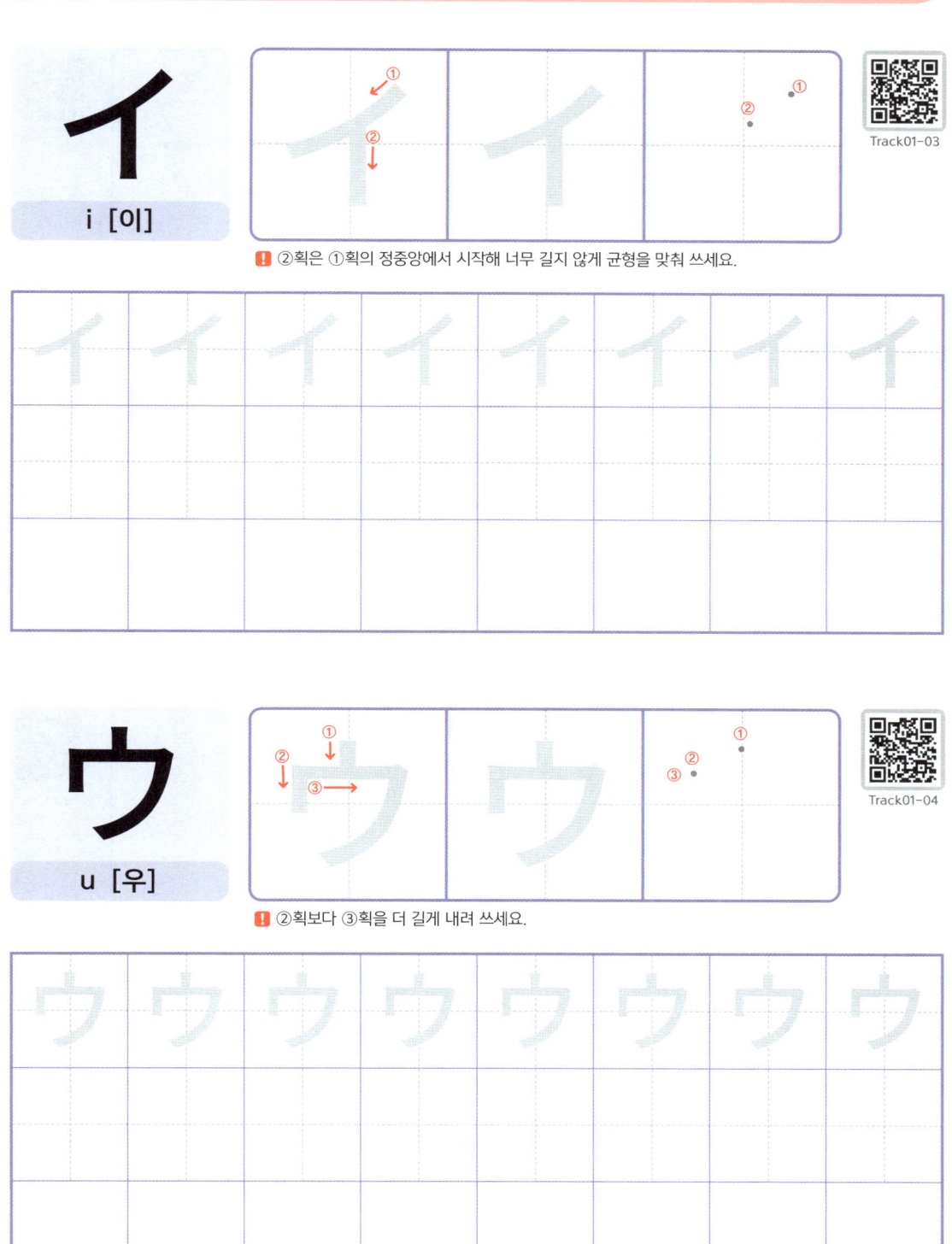

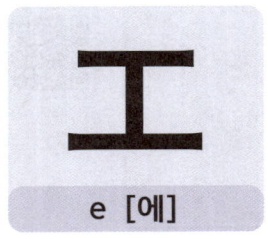 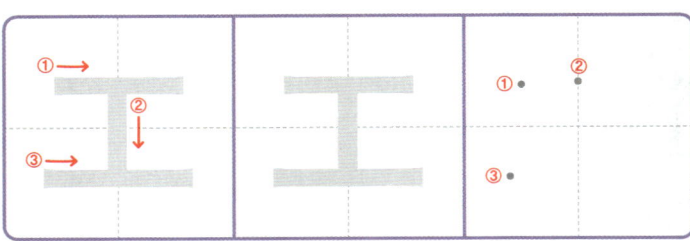

e [에]

❗ ③획은 ①획보다 조금 더 길게 쓰세요.

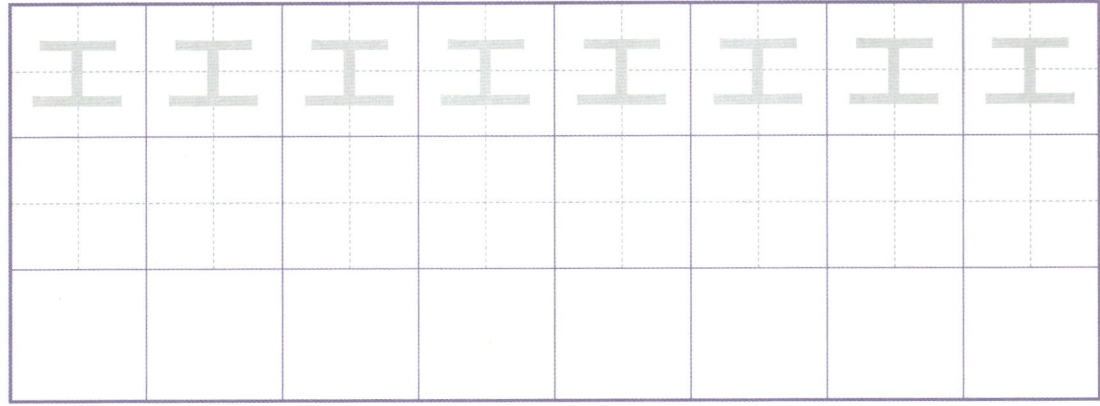

 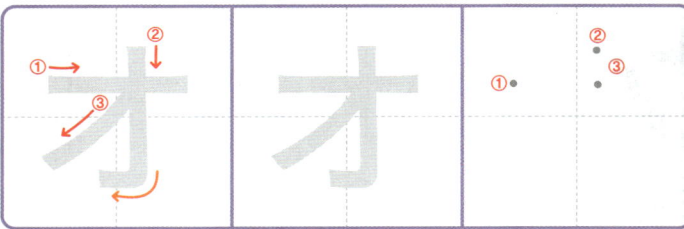 

o [오]

❗ ②획은 ①획의 오른쪽에서 1/3 지점을 관통해서 쓰세요.

ア행 모아 쓰기

| ア | イ | ウ | エ | オ |

| ア | イ | ウ | エ | オ |

가타카나 | 청음

カ행	カ	キ	ク	ケ	コ

가타카나「カ」행은 한국어의 '카', '키', '쿠', '케', '코'와 발음이 비슷해요.

- **カ ka [카]** 입을 ア보다 조금 작게 벌리고 '카'와 '가'의 중간 정도로 발음해요.
- **キ ki [키]** 입술을 옆으로 약간 당겨 '키'와 '기'의 중간 정도로 발음해요.
- **ク ku [쿠]** 입술을 약간 둥글게 모으고 목 안쪽을 열어 '쿠'와 '크'의 중간 정도로 발음해요.
- **ケ ke [케]** '케'와 '게'의 중간 정도로 발음해요.
- **コ ko [코]** '코'와 '고'의 중간 정도로 발음해요.

가타카나「カ」행의 글자를 한 글자 씩 듣고 따라 쓰면서 익혀 봅시다.

ka [카]

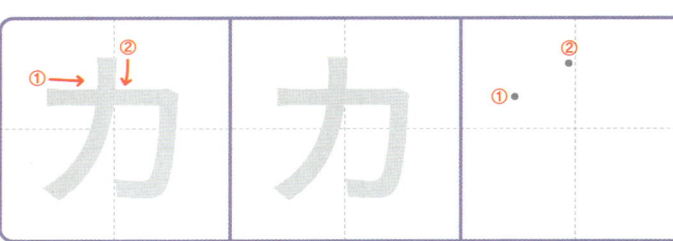

⚠ 히라가나「か(ka)」와 달리, ①획을 날카롭게 꺾어 쓰세요.

カ	カ	カ	カ	カ	カ	カ	カ

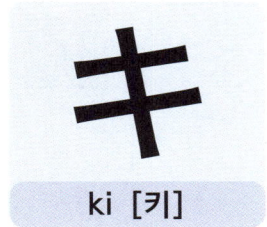 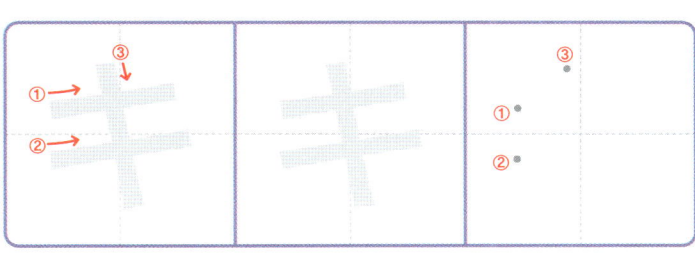 

❗ ②획을 ①획보다 길게, 전체적으로 약간 기울여 쓰세요.

 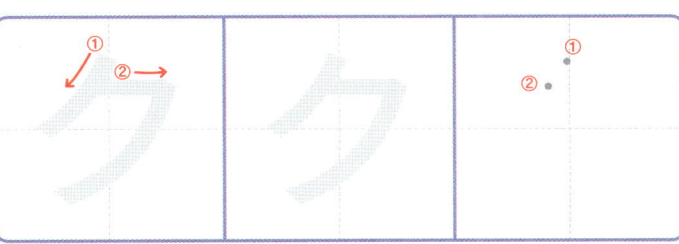 

❗ ②획의 끝이 ①획의 끝을 넘지 않도록 쓰세요.

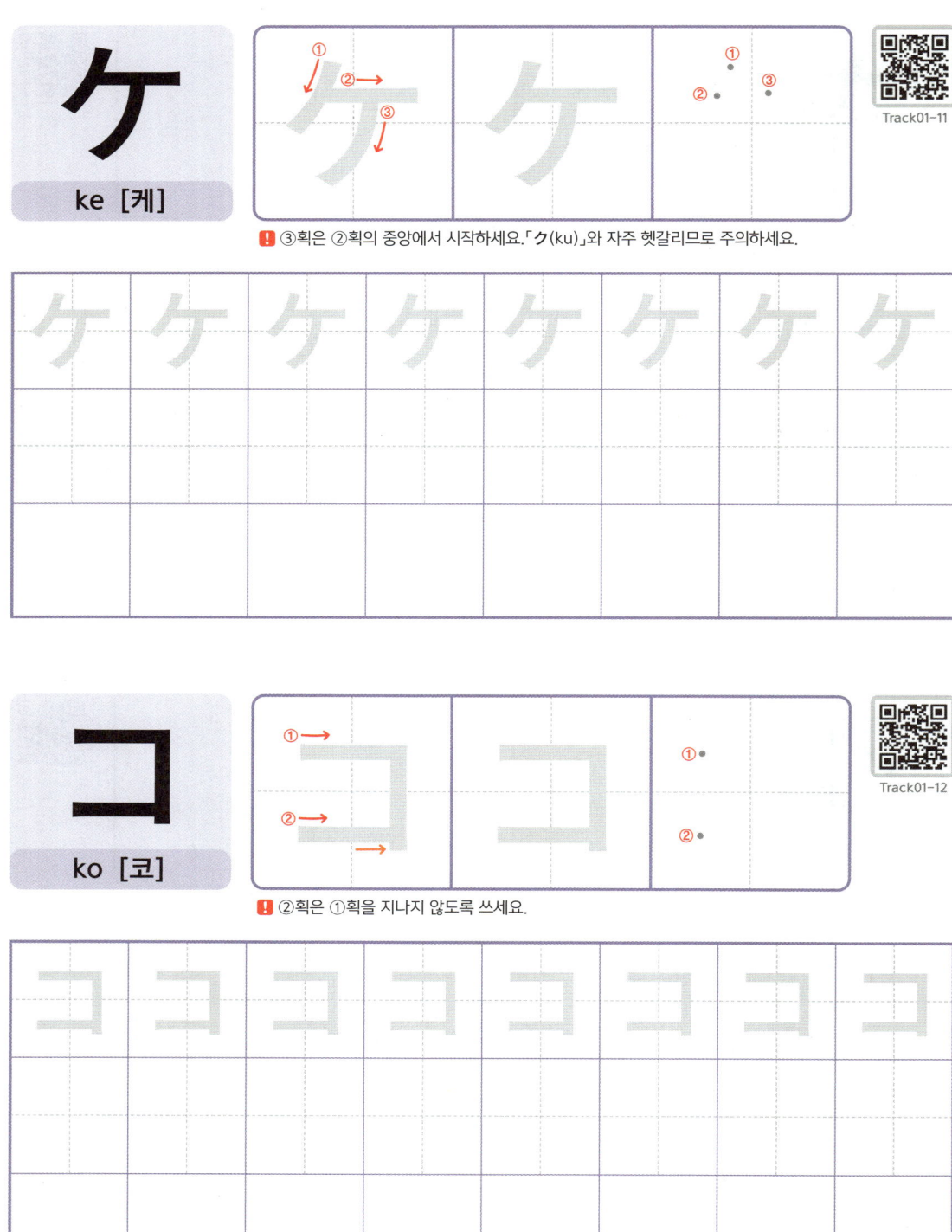

力행 모아 쓰기

カ キ ク ケ コ

カ キ ク ケ コ

サ행　サ　シ　ス　セ　ソ

Track 01-13

가타카나 「サ」행은 한국어의 '사', '시', '스', '세', '소'와 발음이 비슷해요.

- **サ sa [사]** 혀를 윗잇몸 뒤에 대고 '싸'와 '사'의 중간 정도로 발음해요.
- **シ shi [시]** 한국어의 '시'보다는 영어의 'she'처럼 소리가 옆으로 미세하게 빠지도록 발음해요.
- **ス su [스]** 입술을 약간만 둥글게 모으고 '스'와 '수'의 중간 정도로 발음해요.
- **セ se [세]** 입을 크게 벌리고 또렷하게 발음해요.
- **ソ so [소]** 입술을 둥글게 모으고 자연스럽게 발음해요.

 가타카나 「サ」행의 글자를 한 글자 씩 듣고 따라 쓰면서 익혀 봅시다.

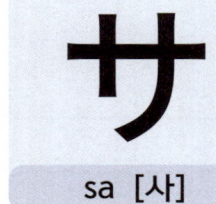
sa [사]

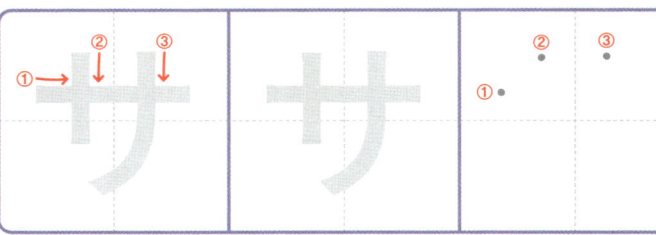

Track 01-14

❗ ②획과 ③획이 ①획을 삼등분하는 느낌으로 쓰세요.

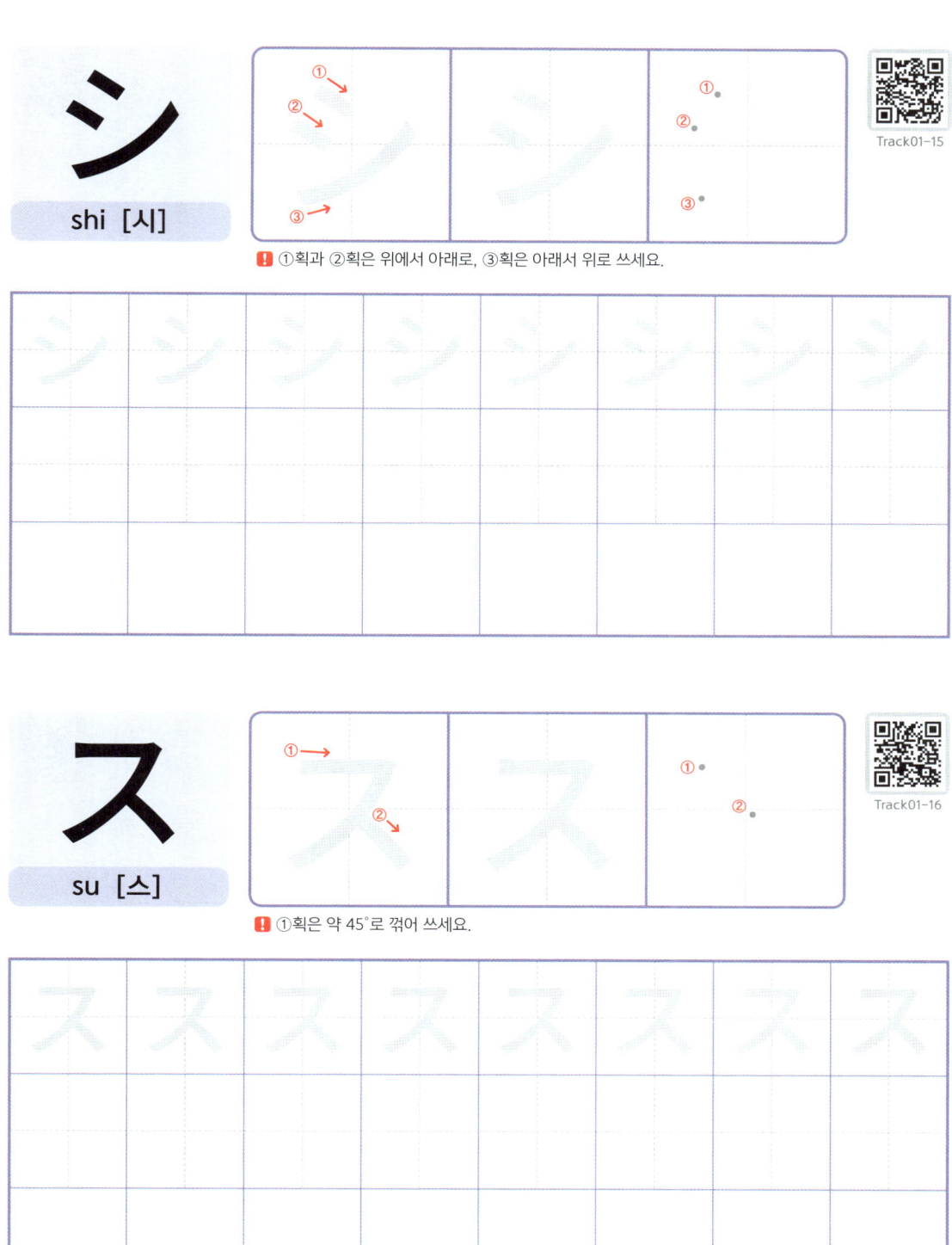

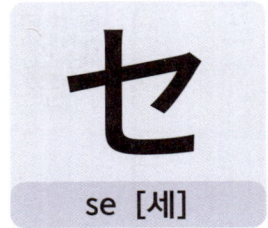
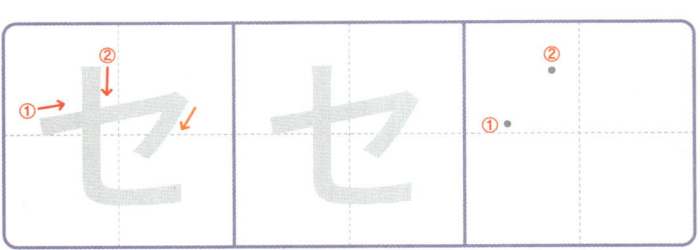

❗ ①획은 살짝 위로 향하게 쓰고, 끝을 아래로 꺾어 쓰세요.

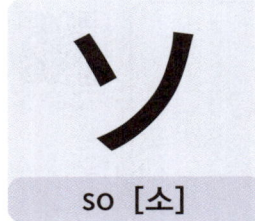
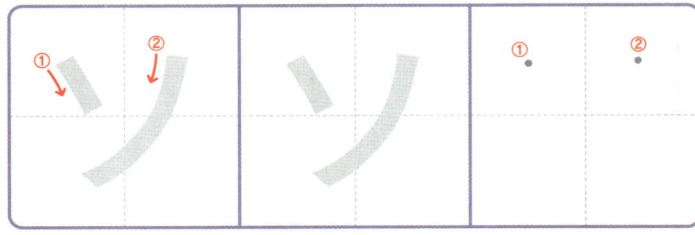

❗ ②획은 위에서 아래로 쓰세요.

サ행 모아 쓰기

| サ | シ | ス | セ | ツ |

| サ | シ | ス | セ | ツ |

가타카나 | 청음

| 夕행 | タ | チ | ツ | テ | ト |

Track01-19

가타카나「タ」행은 한국어의 '타', '치', '츠', '테', '토'와 발음이 비슷해요.

- タ ta [타] 너무 세지 않게 '타'와 '다'의 중간 정도로 발음해요.
- チ chi [치] 혀를 윗잇몸에 대고 '치'와 '찌'의 중간 정도로 발음해요.
- ツ tsu [츠] 혀를 윗잇몸에 대고 입을 모아 '츠'와 '쯔'의 중간 정도로 발음해요.
- テ te [테] 너무 세지 않게 '테'와 '데'의 중간 정도로 발음해요.
- ト to [토] 너무 세지 않게 '토'와 '도'의 중간 정도로 발음해요.

가타카나「タ」행의 글자를 한 글자 씩 듣고 따라 쓰면서 익혀 봅시다.

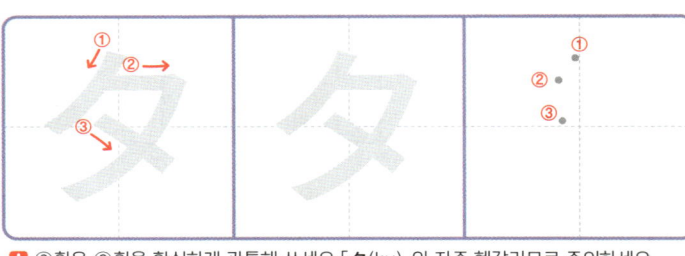

ta [타]

Track01-20

⚠ ③획은 ②획을 확실하게 관통해 쓰세요.「ク(ku)」와 자주 헷갈리므로 주의하세요.

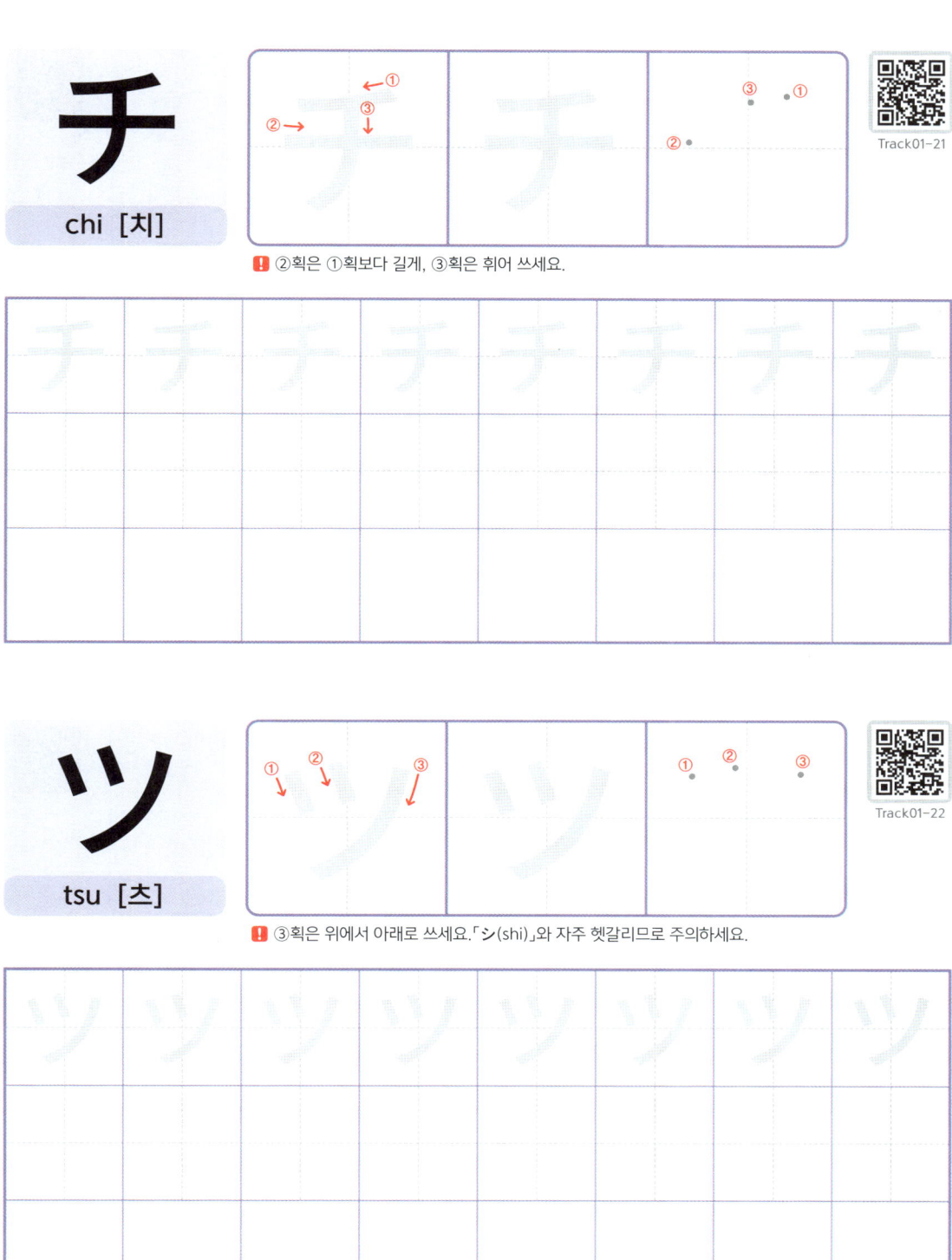

 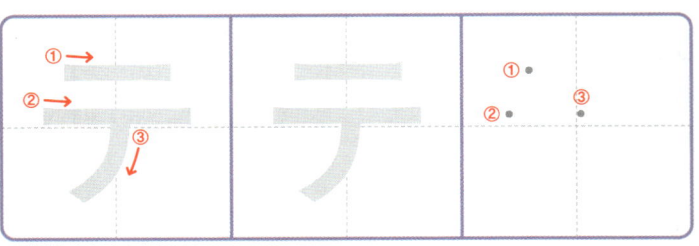 

② 획은 ① 획보다 길게, ③ 획은 ② 획의 중앙에서 시작하세요.

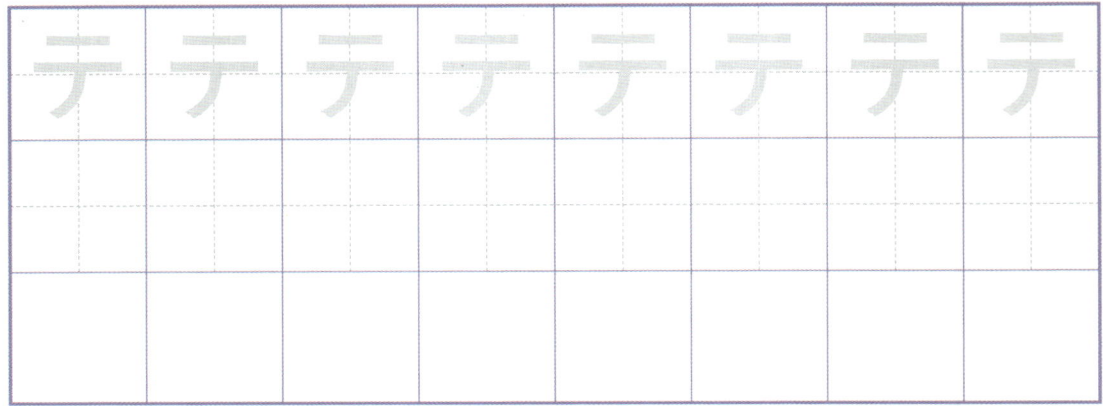

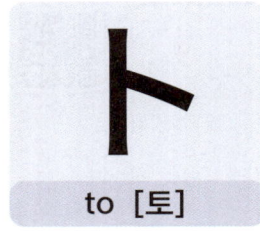 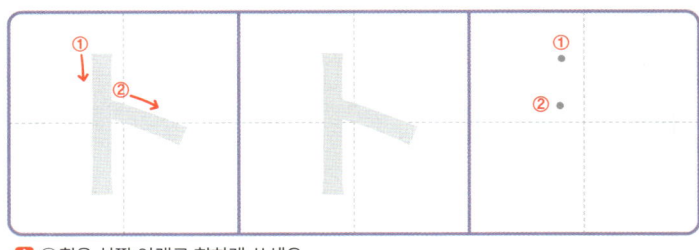 

② 획은 살짝 아래로 향하게 쓰세요.

タ행 모아 쓰기

タ チ ツ テ ト

タ チ ツ テ ト

| ナ행 | ナ | ニ | ヌ | ネ | ノ |

가타카나 「ナ」행은 한국어의 '나', '니', '누', '네', '노'와 발음이 비슷해요.

- ナ na[나]   혀 끝을 윗잇몸에 살짝 붙였다 떼며 '나'와 거의 동일하게 발음해요.
- ニ ni [니]   혀 끝을 윗니 뒷부분에 붙여 '니'와 거의 동일하게 발음해요.
- ヌ nu[누]   입술을 조금만 오므리고 '누'와 '느'의 중간 정도로 발음해요.
- ネ ne[네]   혀 끝을 윗잇몸에 살짝 붙였다 떼며 '네'와 거의 동일하게 발음해요.
- ノ no[노]   혀 끝을 윗잇몸에 살짝 붙였다 떼며 '노'와 거의 동일하게 발음해요.

가타카나 「ナ」행의 글자를 한 글자 씩 듣고 따라 쓰면서 익혀 봅시다.

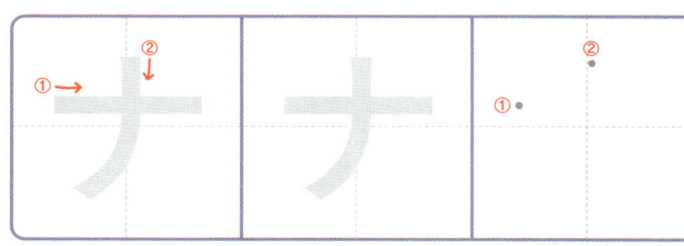

⚠ ②획은 ①획의 중앙을 관통하며 약간 휘어 쓰세요.

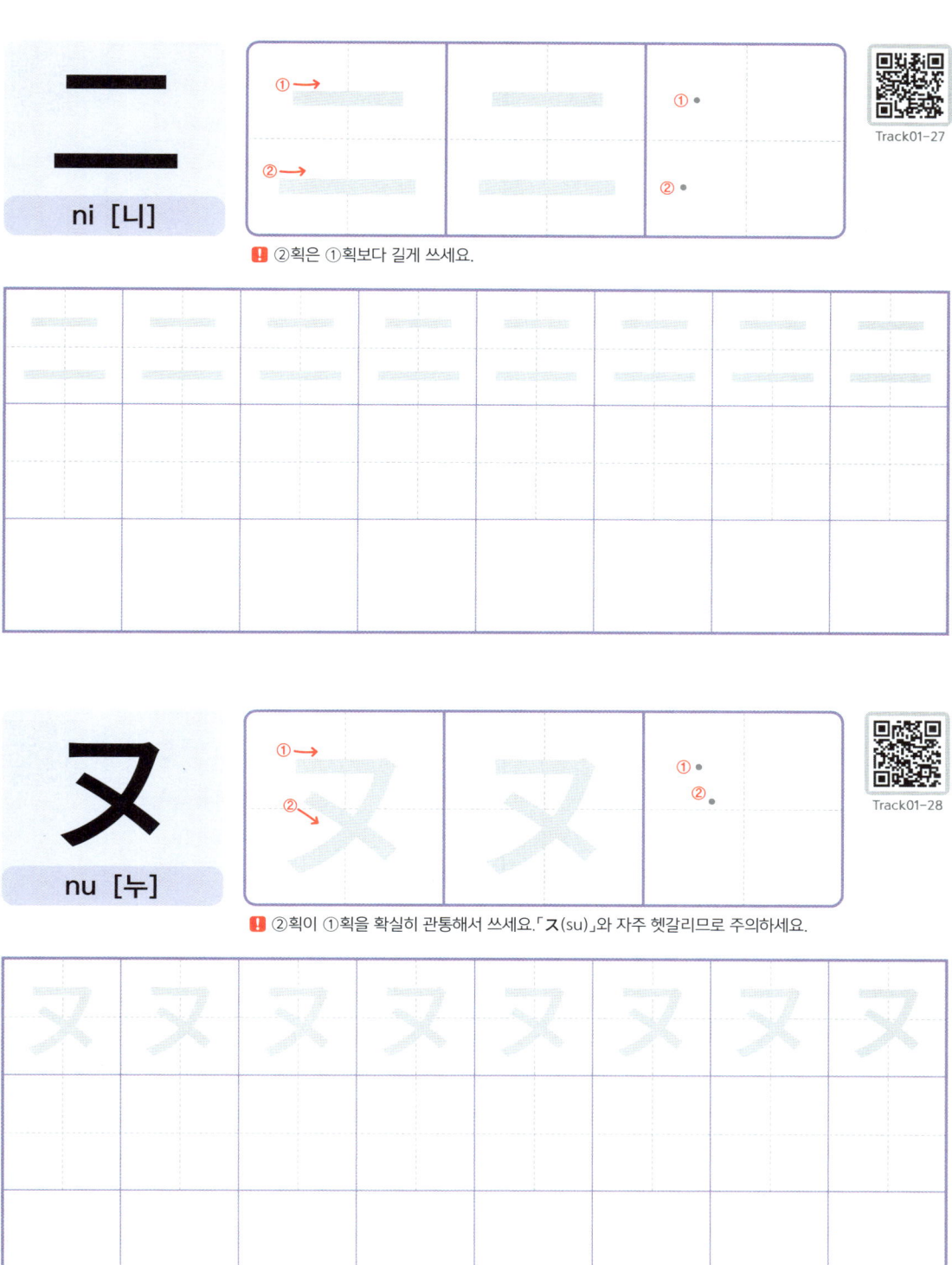

 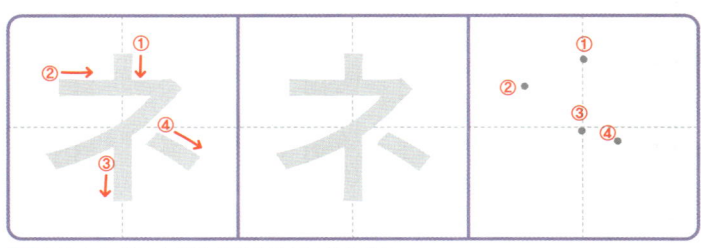 

❗ ③획과 ④획의 순서와 대칭에 주의해서 쓰세요.

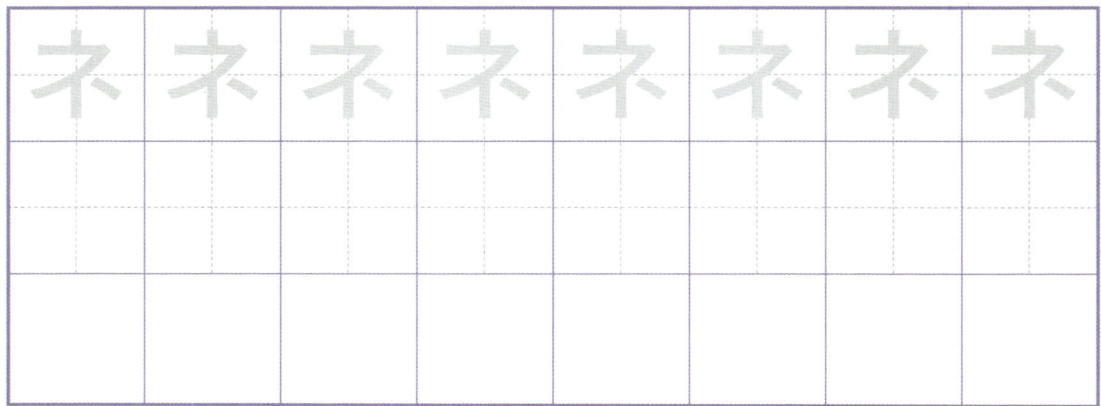

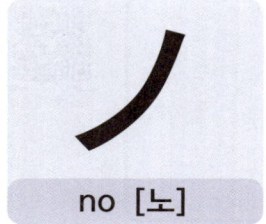 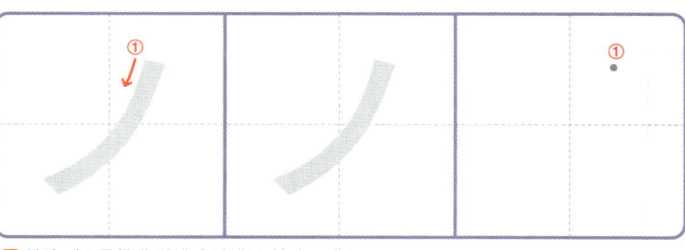 

❗ 약간 비스듬하게 위에서 아래로 휘어 쓰세요.

ナ행 모아 쓰기

| ハ행 | ハ | ヒ | フ | ヘ | ホ |

Track01-31

가타카나 「ハ」행은 한국어의 '하', '히', '후', '헤', '호'와 발음이 비슷해요.

- ハ ha[하] 숨을 약간 내쉬면서 발음해요.(참고로 조사로 쓰일 때는 '와'로 발음해요.)
- ヒ hi [히] 혀를 입 윗 천장에 가깝게 두고 숨을 약간 내쉬면서 발음해요.
- フ fu [후] 입술 사이로 바람을 내뿜으며 발음해요.
- ヘ he[헤] 입술을 너무 크게 벌리지 않고 숨을 약간 내쉬면서 발음해요.
- ホ ho[호] 입술을 둥글게 모으고 숨을 약간 내쉬면서 발음해요.

가타카나 「ハ」행의 글자를 한 글자 씩 듣고 따라 쓰면서 익혀 봅시다.

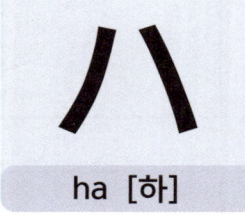
ha [하]

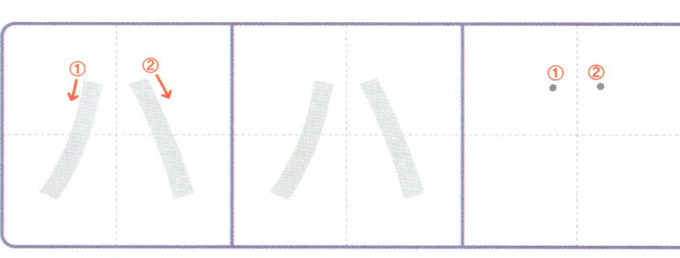

Track01-32

⚠ 두 획이 너무 떨어지지 않게 균형을 맞춰 쓰세요.

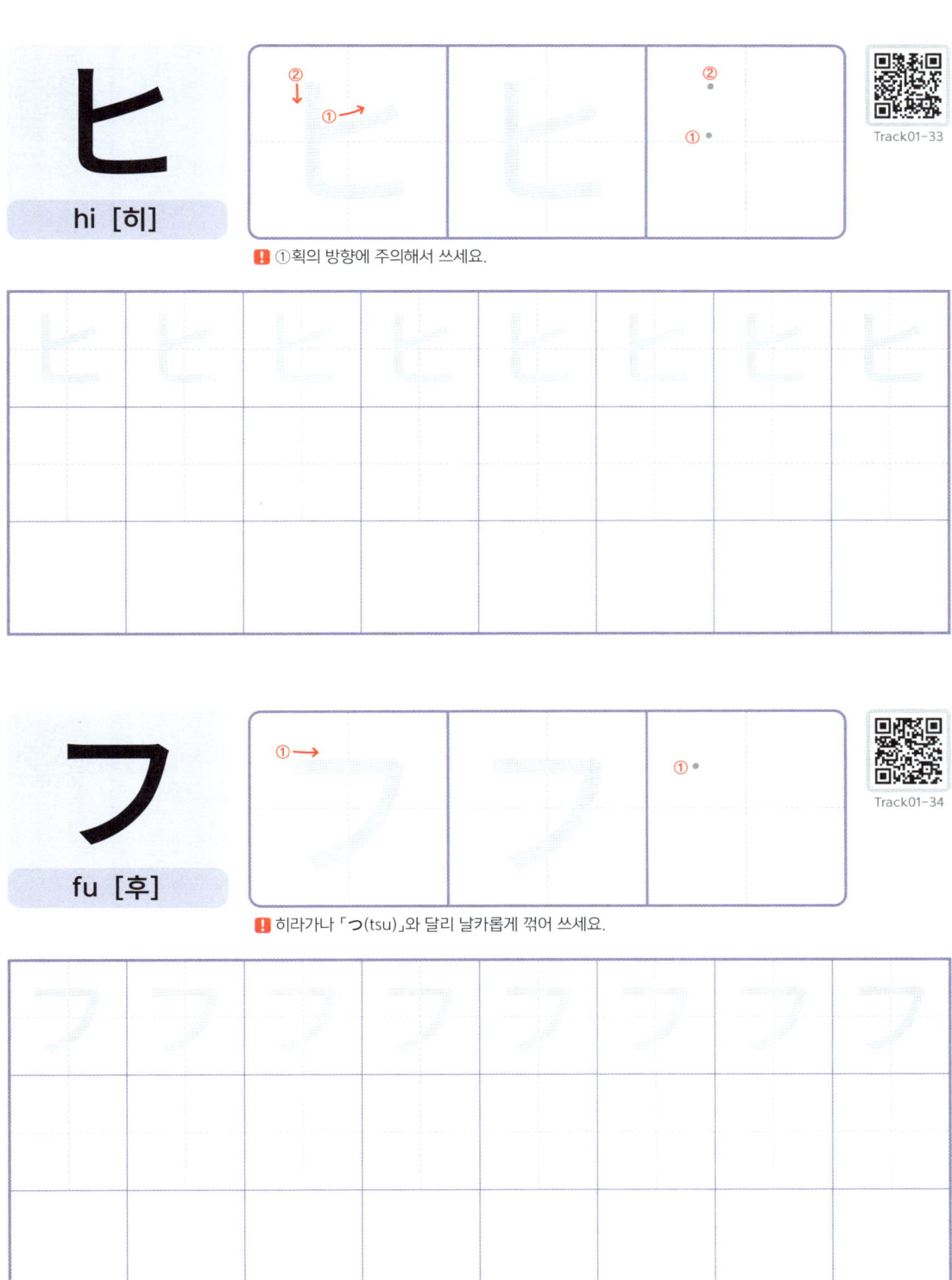

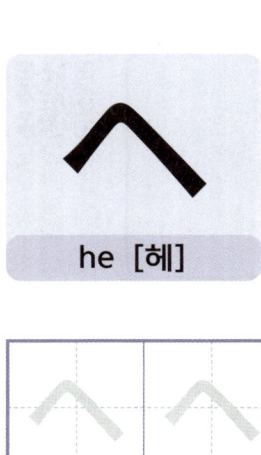
he [헤]

! 왼쪽은 짧게, 오른쪽은 길게 한 번에 쓰세요.

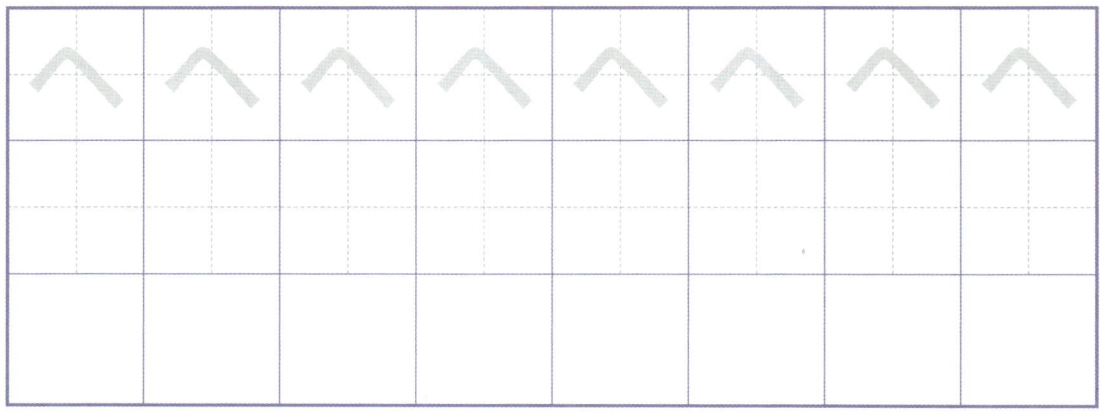

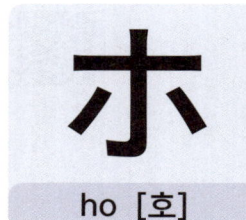
ho [호]

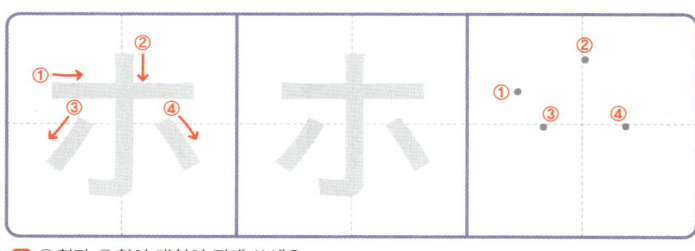

! ③획과 ④획이 대칭이 되게 쓰세요.

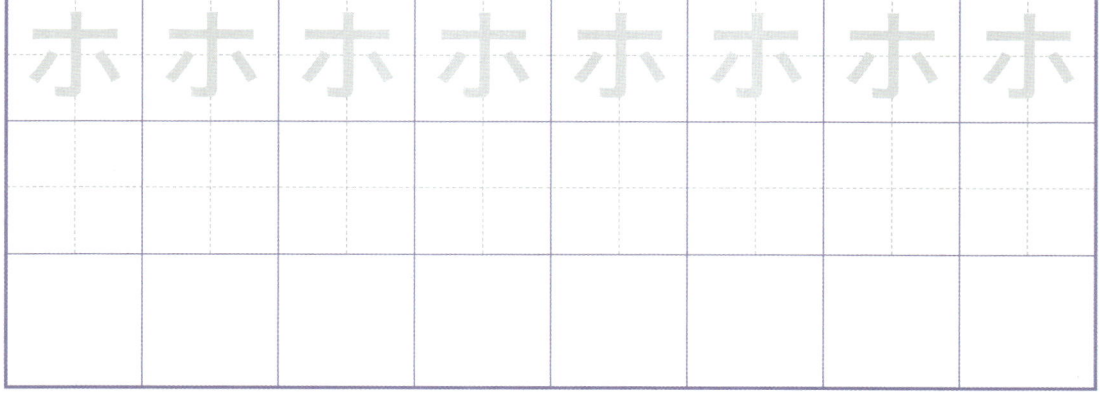

ハ행 모아 쓰기

ハ ヒ フ ヘ ホ

| マ행 | マ | ミ | ム | メ | モ |  |

가타카나 「マ」행은 한국어의 '마', '미', '무', '메', '모'와 발음이 비슷해요.

- マ ma [마]   '마'와 거의 동일하게 발음해요.
- ミ mi [미]   '미'와 거의 동일하게 발음해요.
- ム mu [무]   '무'와 거의 동일하게 발음해요.
- メ me [메]   '메'와 거의 동일하게 발음해요.
- モ mo [모]   '모'와 거의 동일하게 발음해요.

 가타카나 「マ」행의 글자를 한 글자 씩 듣고 따라 쓰면서 익혀 봅시다.

ma [마]

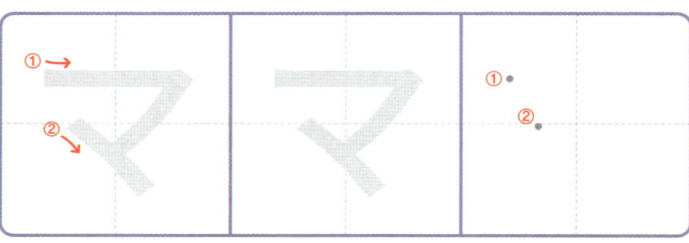

❗ ②획을 너무 길게 내려 쓰지 마세요. 「ア(a)」와 자주 헷갈리므로 주의하세요.

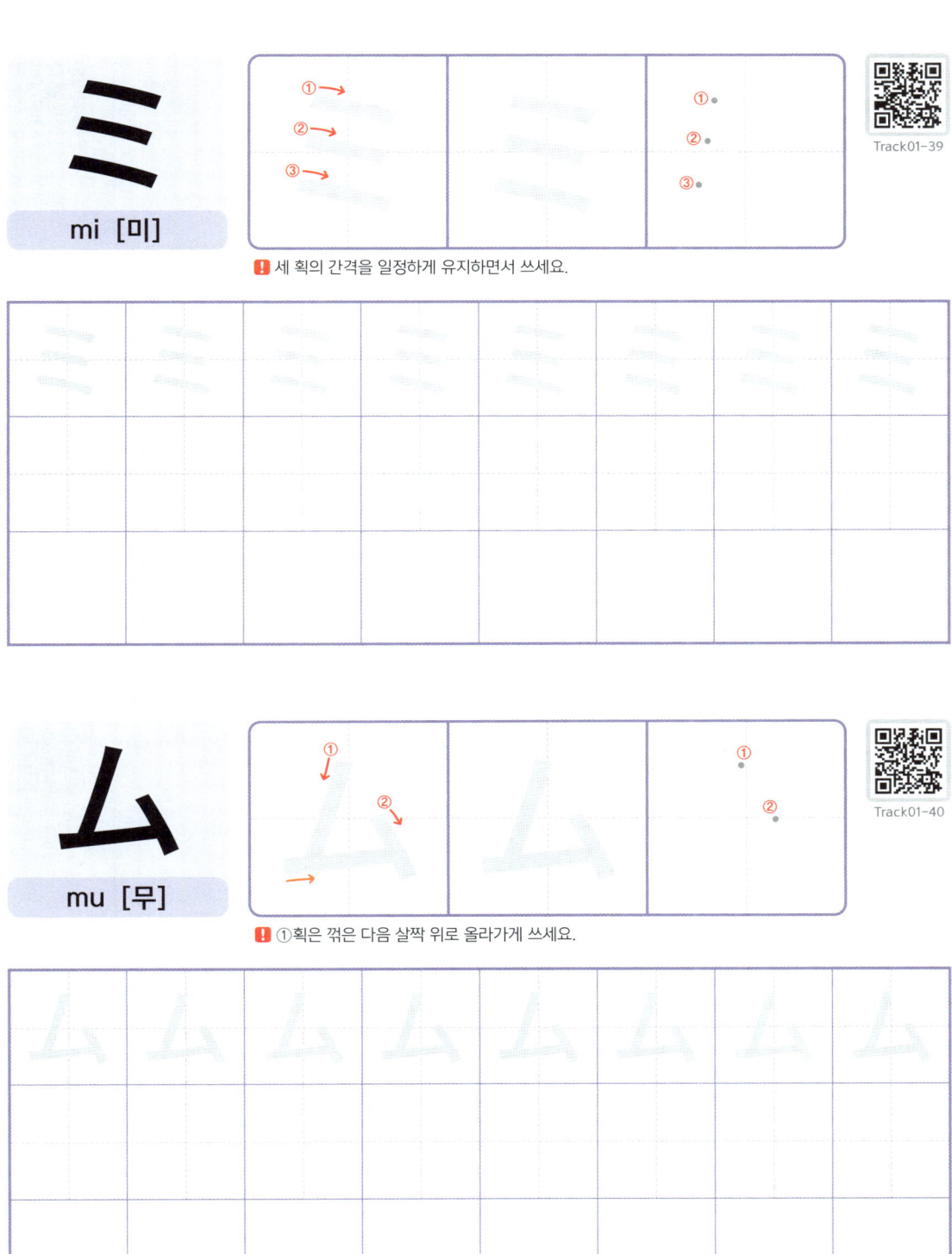

 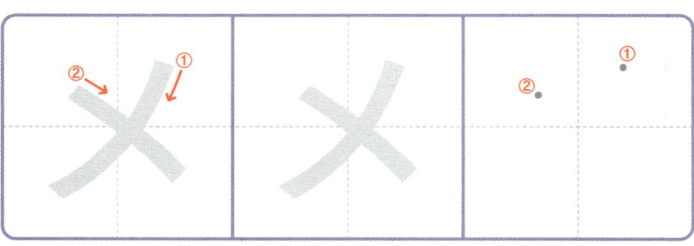 

❗ ②획은 ①획을 중심으로 좌우 길이가 같게 쓰세요.

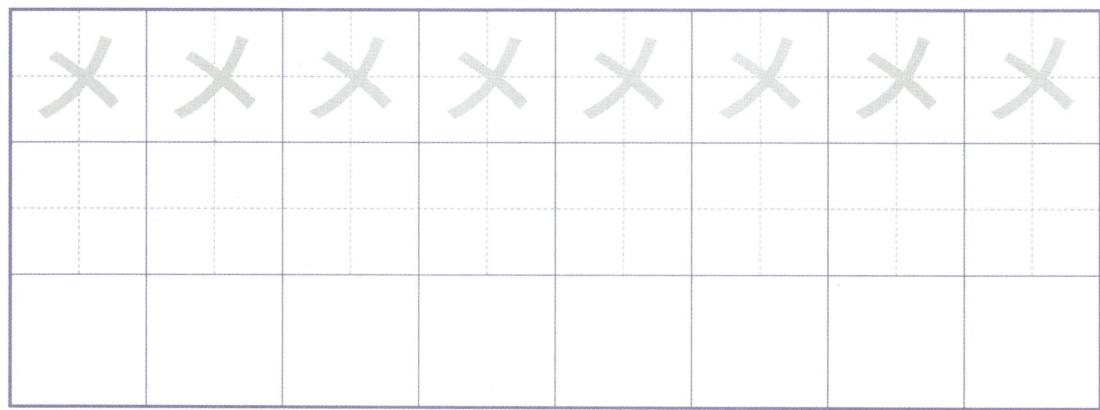

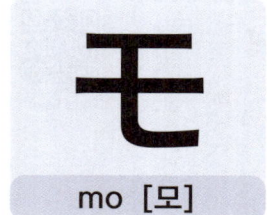 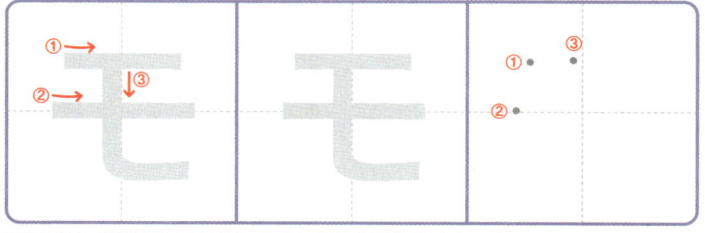 

❗ ②획은 ①획보다 조금 길게, ③획은 끝을 확실하게 꺾어 쓰세요.

マ행 모아 쓰기

マ ミ ム メ モ

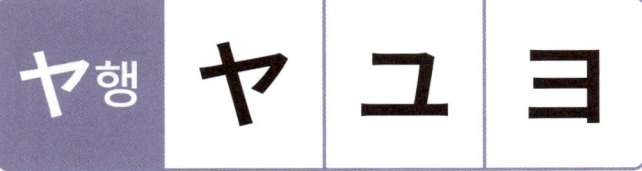 

가타카나 「ヤ」행은 한국어의 '야', '유', '요'와 발음이 비슷해요.

ヤ ya [야]   '야'와 거의 동일하게 발음해요.
ユ yu [유]   입술을 둥글게 하지 말고 평평하게 해서 발음해요.
ヨ yo [요]   '요'와 거의 동일하게 발음해요.

 가타카나 「ヤ」행의 글자를 한 글자 씩 듣고 따라 쓰면서 익혀 봅시다.

 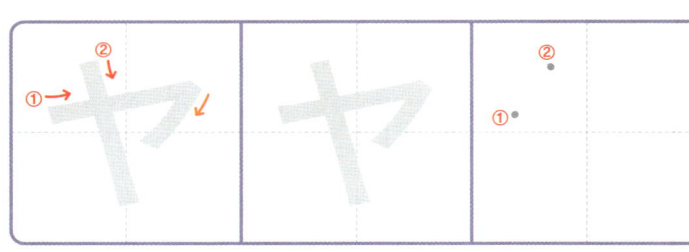 

❗ ①획의 끝을 확실하게 꺾고, 전체적으로 약간 기울여 쓰세요.

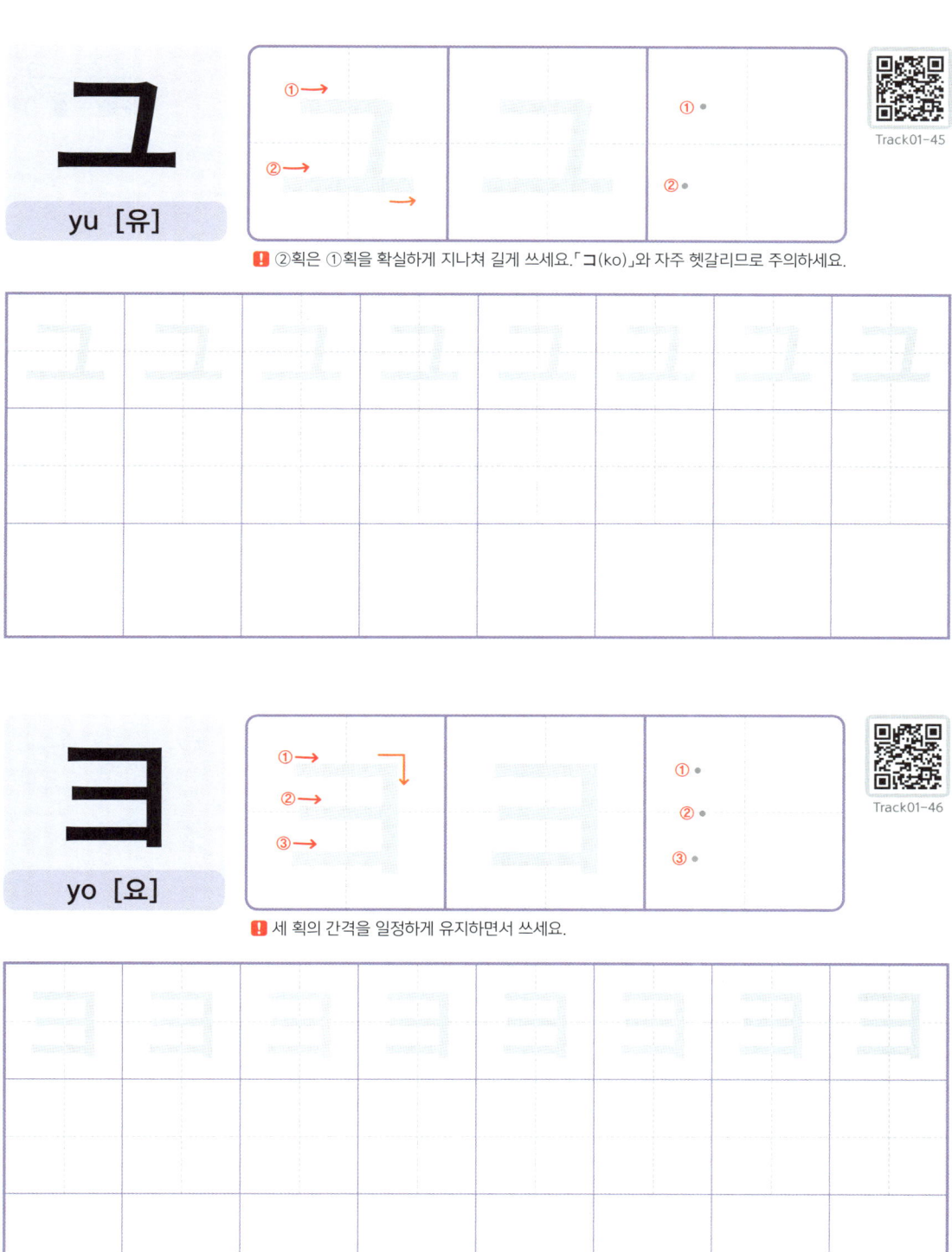

ヤ행 모아 쓰기

| ラ행 | ラ | リ | ル | レ | ロ |

가타카나 「ラ」행은 한국어의 '라', '리', '루', '레', '로'와 발음이 비슷해요.

- ラ ra [라] '라'보다 짧고 빠르게 발음해요.
- リ ri [리] '리'보다 짧고 빠르게 발음해요.
- ル ru [루] '루'보다 짧고 빠르게 발음해요.
- レ re [레] '레'보다 짧고 빠르게 발음해요.
- ロ ro [로] '로'보다 짧고 빠르게 발음해요.

 가타카나 「ラ」행의 글자를 한 글자 씩 듣고 따라 쓰면서 익혀 봅시다.

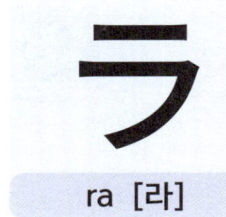
ra [라]

⚠ 히라가나 「う(u)」와 달리 ②획은 날카롭게 꺾어 쓰세요.

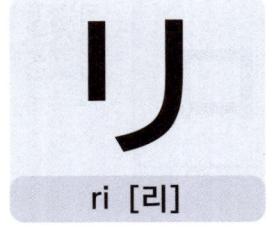
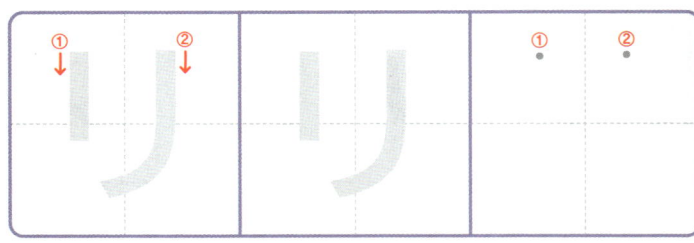

❗ ①획은 곧게, ②획은 ①획과 수평으로 끝을 살짝 휘어 쓰세요.

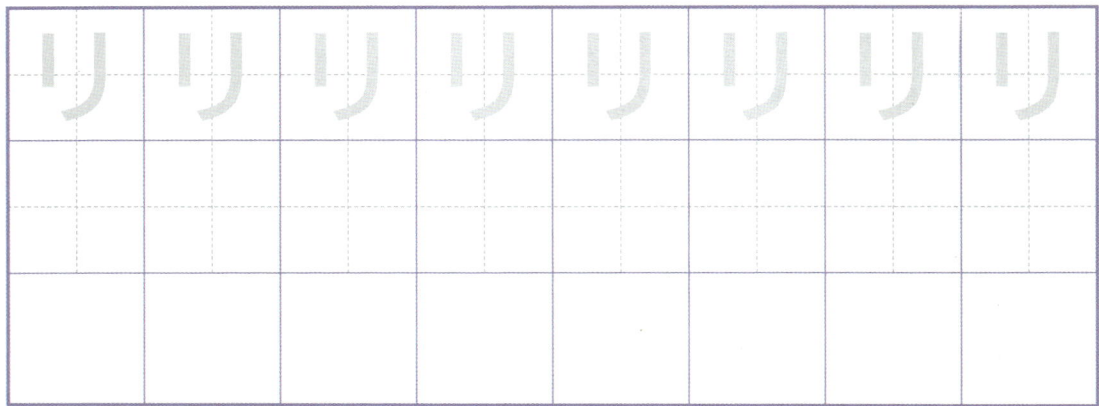

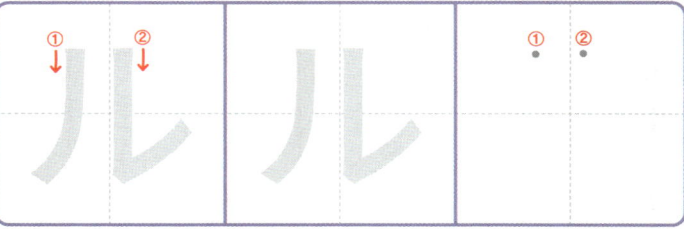

❗ ②획의 끝을 확실하게 꺾어 올려 쓰세요.

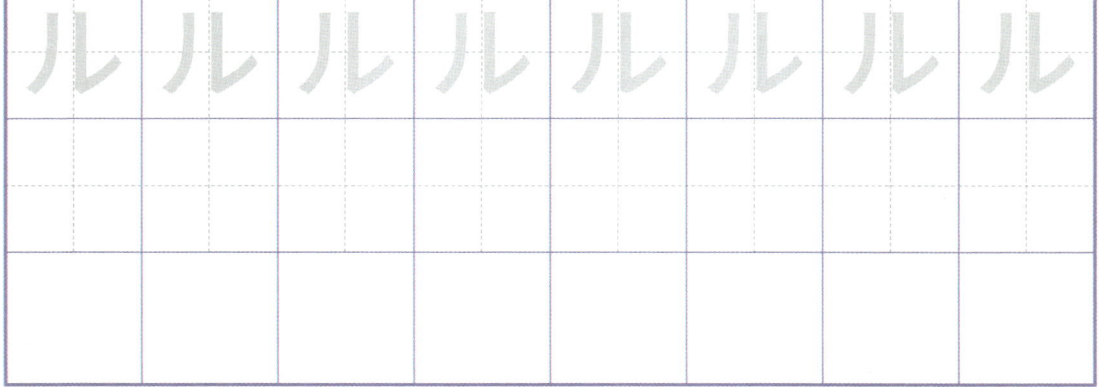

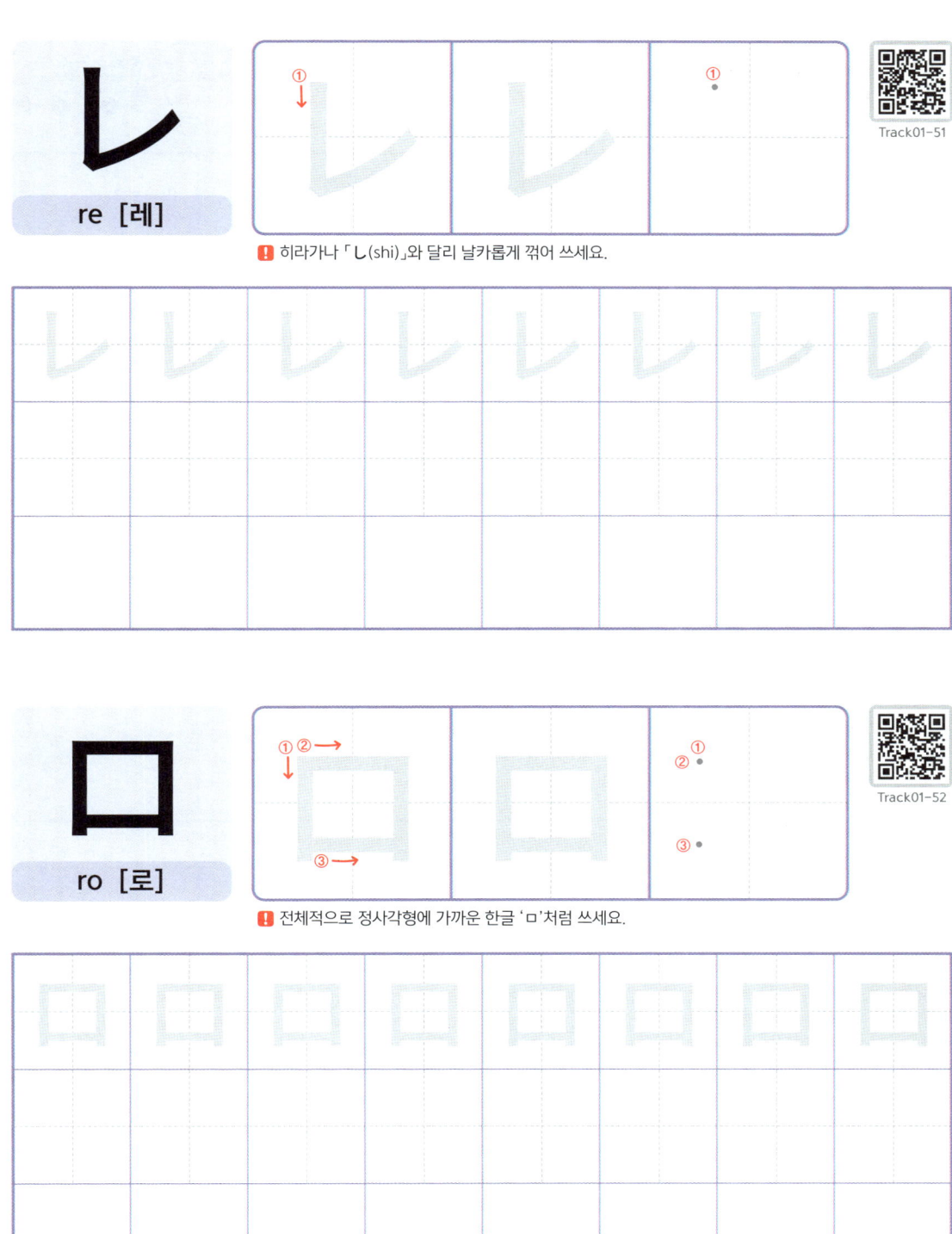

ラ행 모아 쓰기

ラ リ ル レ ロ

ラ リ ル レ ロ

ワ행・ン ワ ヲ ン

Track 01-53

가타카나 「ワ」행・「ン」은 한국어의 '와', '오', '응'과 발음이 비슷해요.

- ワ wa [와]   입술을 약간 둥글게 모으고 부드럽게 발음해요.
- ヲ wo [오]   입술을 둥글게 모으고 너무 세지 않게 발음해요.
- ン n [응]   코에서 부드럽게 울리는 느낌으로 발음해요.

가타카나 「ワ」행・「ン」의 글자를 한 글자 씩 듣고 따라 쓰면서 익혀 봅시다.

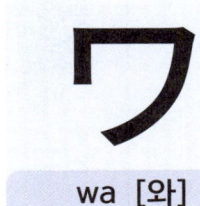

wa [와]

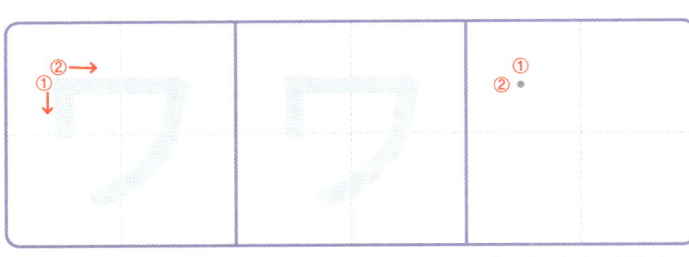

Track 01-54

❗ ①획은 곧게, ②획은 안쪽 공간을 넓게 남기며 꺾어 쓰세요. 「ウ(u)」와 자주 헷갈리므로 주의하세요.

가타카나 | 청음 **111**

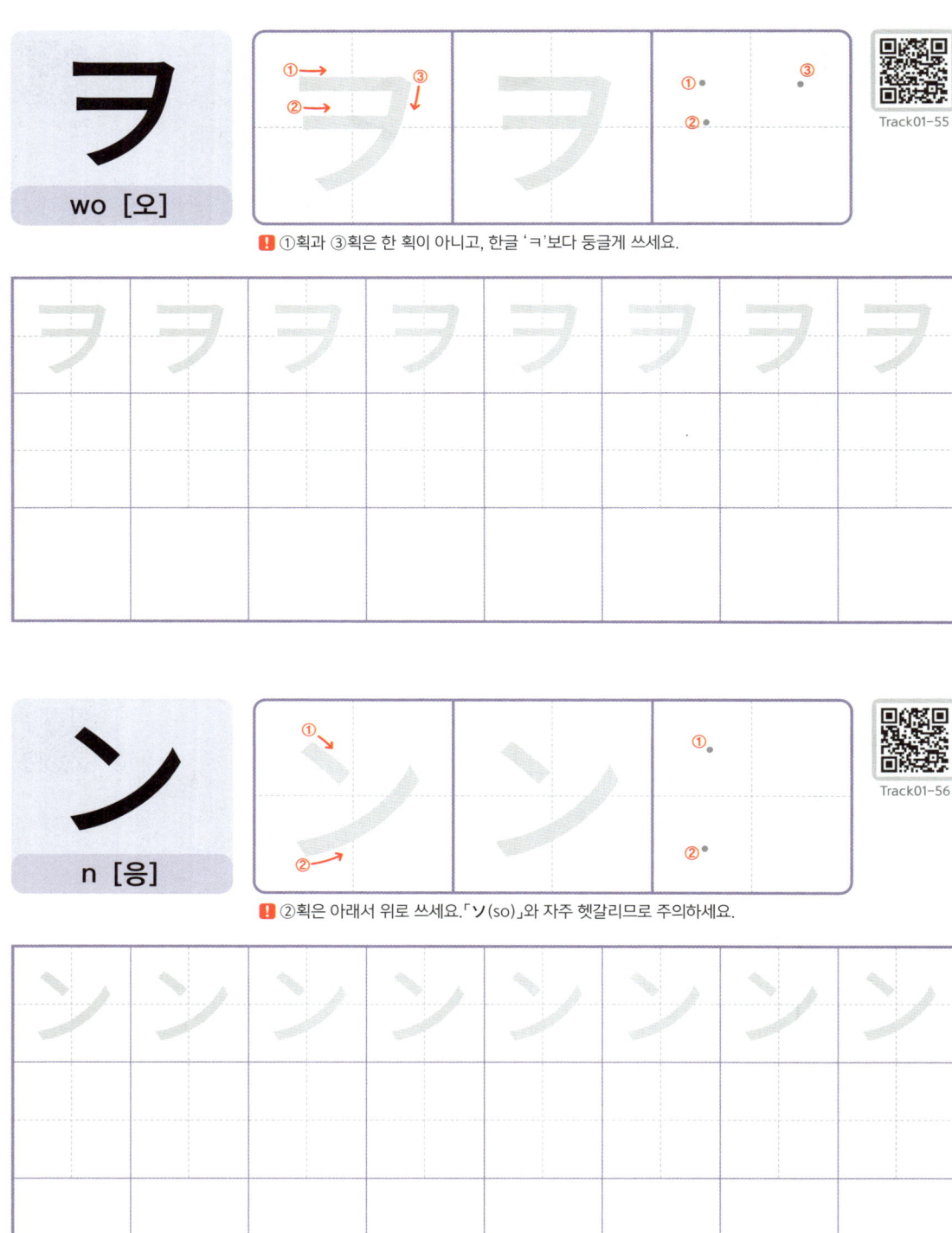

ワ행·ン 모아 쓰기

ワ ヲ ン

 체크! 체크!

1 끝말잇기!

발음을 보고 올바른 가타카나를 써 보세요.

모노레일

모	노	레	-	루

루	-	무

방

머스크(향)

무	스	쿠

쿠	리	스	마	스
	リ			

크리스마스

스커트

스	카	-	토

114

② 일본 여행 속 가타카나 읽기!

이동, 숙박, 식사, 쇼핑, 관광할 때 볼 수 있는 가타카나 글자를 읽어 보세요.

이동

택시

숙박

호텔

식사

라멘

식사

커피

식사

논 알코올

관광

노래방

① 정답 : モノレール → ルーム → ムスク → クリスマス → スカート
② 정답 : 타쿠시- / 호테루 / 라-멩 / 코-히- / 농아루코-루 / 카라오케

2. 탁음・반탁음

ガ행

탁점은 맨 마지막에 안쪽부터 차례대로 위에서 아래로 찍어 그려요.

ガ ga [가]

ギ gi [기]

グ gu [구]

ゲ ge [게]

ゴ go [고]

ザ행

ザ
za [자]

ジ
ji [지]

ズ
zu [즈]

ゼ
ze [제]

ゾ
zo [조]

Track01-59

| ダ da [다] |
| ヂ ji [지] |
| ヅ zu [즈] |
| デ de [데] |
| ド do [도] |

 バ행

Track01-60

| バ ba [바] | バ | バ | | | |

| ビ bi [비] | ビ | ビ | | | |

| ブ bu [부] | ブ | ブ | | | |

| ベ be [베] | ベ | ベ | | | |

| ボ bo [보] | ボ | ボ | | | |

パ행

반탁점은 맨 마지막에 오른쪽 위에 작게 그려요.

パ pa [파]

ピ pi [피]

プ pu [푸]

ペ pe [페]

ポ po [포]

탁음·반탁음 모아 쓰기

ガ	ギ	グ	ゲ	ゴ

ザ	ジ	ズ	ゼ	ゾ

ダ	ヂ	ヅ	デ	ド

バ	ビ	ブ	ベ	ボ

パ	ピ	プ	ペ	ポ

3. 요음

キャ행

キャ kya [캬] — 요음은 원래 글자 크기의 1/2 크기로 써요.
キュ kyu [큐]
キョ kyo [쿄]

ギャ행

ギャ gya [갸]
ギュ gyu [규]
ギョ gyo [교]

| チャ cha [챠] |
| チュ chu [츄] |
| チョ cho [쵸] |

| ニャ nya [냐] |
| ニュ nyu [뉴] |
| ニョ nyo [뇨] |

 ヒャ행

ヒャ hya [햐]						
ヒュ hyu [휴]						
ヒョ hyo [효]						

 ビャ행

ビャ bya [뱌]						
ビュ byu [뷰]						
ビョ byo [뵤]						

행

ピャ pya [퍄]						
ピュ pyu [퓨]						
ピョ pyo [표]						

 행

ミャ mya [먀]						
ミュ myu [뮤]						
ミョ myo [묘]						

행

リャ
rya [랴]

リュ
ryu [류]

リョ
ryo [료]

체크! 체크!

❶ 끝말잇기!
발음을 보고 올바른 가타카나를 써 보세요.

치즈 케이크

치	-	즈	케	-	키
			ケ		

캬	응	푸

캠프

선물

푸	레	제	응	토

토	레	-	니	응	구

트레이닝

글로벌

구	로	-	바	루
	ロ			

❷ 일본 여행 속 가타카나 읽기!

이동, 숙박, 식사, 쇼핑, 관광할 때 볼 수 있는 가타카나 글자를 읽어 보세요.

이동

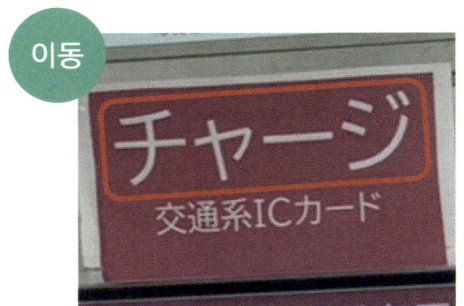

충전

숙박

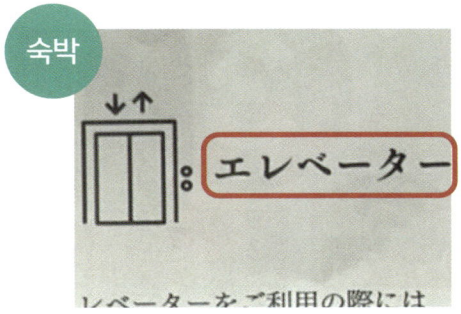

엘리베이터

식사

메뉴

식사

빵

쇼핑

셀프 계산대

관광

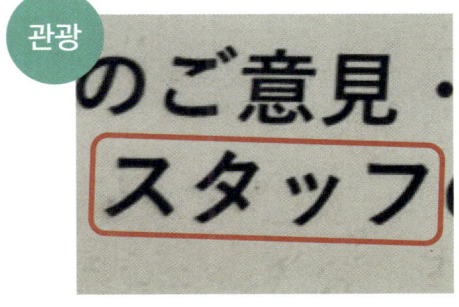

스태프, 직원

① 정답 : チーズケーキ → キャンプ → プレゼント → トレーニング → グローバル
② 정답 : 챠-지 / 에레베-타- / 메뉴- / 팡 / 세루후레지 / 스탑후

CHAPTER 3

필사하며 익히기

지금까지 열심히 익힌 히라가나, 가타카나 문자를 가족, 우정, 사랑, 희망, 감사, 행복, 용기, 배려, 추억, 노력과 관련된 문장을 쓰며 다시 한 번 확실하게 익혀 보아요.

 **가족**

---- 1 ----

かぞくが いるから がんばれる。
가족이 있기 때문에 힘낼 수 있어.

---- 2 ----

なにも いわなくても、わかって くれるのが かぞく。
아무것도 말하지 않아도 알아주는 것이 가족.

---- 3 ----

あたたかい ごはんの におい、あの わらいごえ。
따뜻한 밥 냄새, 그 웃음 소리.

---- 4 ----

つかれた みちの さきには、いつも かぞくが いる。
지친 길 끝에는 언제나 가족이 있다.

 우정

―◇1◇―

ゆうじょうは、じかんと ともに ふかまる。
우정은 시간과 함께 깊어진다.

―◇2◇―

ともに わらう、ともに あゆむ。
함께 웃는다, 함께 걷는다.

―◇3◇―

きみだから すき。りゆう なんて いらない。
너라서 좋아. 이유 따윈 필요 없어.

―◇4◇―

ほんとうの ともだちは、いつも みかたで いて くれる。
진정한 친구는 언제나 내 편에 있어준다.

 **사랑**

Track02-03

◇ 1 ◇

あいは、ときに きせきを おこす。
사랑은 때로 기적을 일으킨다.

◇ 2 ◇

どれだけ すきだと いっても、たりない。
아무리 사랑한다고 말해도 부족해.

◇ 3 ◇

きみの こえを きくだけで、きょうが とくべつな ひに かわる。
너의 목소리를 듣는 것만으로 오늘이 특별한 날로 바뀌어.

◇ 4 ◇

いっしょに いる この しゅんかんが とても ここち いい。
함께 있는 이 순간이 몹시 기분 좋아.

 희망

― 1 ―

きみの しあわせを、いつも ねがって いる。
너의 행복을 항상 바라고 있어.

― 2 ―

あしたは きっと よく なる。
내일은 분명 좋아질 거야.

― 3 ―

やみの なかでも、ちいさな ひかりは きえない。
어둠 속에서도, 작은 불빛은 꺼지지 않아.

― 4 ―

かぜが つめたいほど、はるは もっと あたたかい。
바람이 차가울수록, 봄은 더욱 따뜻하다.

 **감사**

―◇1◇―

かんしゃは、ことばよりも ながく こころに のこる。
감사는 말보다 오래 마음에 남는다.

―◇2◇―

ありふれた いちにちに、サンキュー。
평범한 일상에 땡큐.

―◇3◇―

きょうも いっしょに いて くれて、ありがとう。
오늘도 함께 있어줘서 고마워.

―◇4◇―

わたしを きづいて くれて、すごく うれしかった。
나를 알아봐 줘서 정말 기뻤어.

 **6 행복**

Track02-06

◇ 1 ◇

ちいさな しあわせを たいせつに しましょう。
작은 행복을 소중히 해요.

◇ 2 ◇

こうふくは、まんぞくの なかに ある。
행복은 만족 안에 있다.

◇ 3 ◇

あの ドキドキが、まるで しあわせ そのものだった。
그 두근거림이 마치 행복 그 자체였다.

◇ 4 ◇

しあわせは、きょうという ひを いきる なかで みつかる。
행복은 오늘이라는 날을 살아가는 속에서 찾을 수 있다.

CHAPTER 3

필사하며 익히기

 # 7 용기

1

ゆうきは、じぶんを しんじる ことから はじまる。
용기는 자신을 믿는 것에서 시작된다.

2

ちいさな ゆうきが、おおきな みらいを つくる。
작은 용기가 큰 미래를 만든다.

3

きみの つよさは、ふあん なんかに まけない。
너의 강함은 불안 따위에 지지 않아.

4

さいごまで がんばった じぶんに はくしゅ。
끝까지 힘을 낸 나에게 박수.

 **8 배려**

---------- 1 ----------

おもいやりは、こころと こころを つなぐ はし。

배려는 마음과 마음을 잇는 다리.

---------- 2 ----------

たにんの きもちを たいせつに する こと。

타인의 마음을 소중히 할 것.

---------- 3 ----------

ちいさな きづかいが、おもたい きもちを とかす。

작은 배려가 무거운 마음을 녹인다.

---------- 4 ----------

せなかに ふく かぜの ように、そばに いて くれる。

등 뒤에 부는 바람처럼 곁에 있어 준다.

 **추억**

---- 1 ----

おもいでが あるから、いまが ある。
추억이 있기에 지금이 있어.

---- 2 ----

おもいでは、なみだも えがおも くれる もの。
추억은 눈물도 미소도 주는 것.

---- 3 ----

あの ころ、いまでも こころを あたためて くれる。
그 시절, 지금도 마음을 따뜻하게 해준다.

---- 4 ----

きみの おかげで、たのしい おもいでが いっぱい ある。
네 덕분에 즐거운 추억이 잔뜩 있어.

CHAPTER 3

필사하며 익히기

 **10 노력**

― 1 ―

どりょくは うらぎらない。
노력은 배신하지 않는다.

― 2 ―

あせは せいこうの あかし。
땀은 성공의 증거.

― 3 ―

その どりょくだけで もう じゅうぶん すてきだよ。
그 노력만으로 이미 충분히 멋져.

― 4 ―

いちにちの おわりに、「きょうも よく やった」と つぶやく。
하루 끝에 '오늘도 잘했어'라고 말해본다.

일본어, 이젠 즐기세요!

문자	  이번에 제대로 맛있는 일본어 히라가나 가타카나 쓰기노트 맛있는 일본어 상용한자 1026	어휘  이번에 제대로 맛있는 일본어 단어장

첫걸음

이번에 제대로 맛있는 일본어 첫걸음   맛있는 일본어 독학 첫걸음

회화

맛있는 여행 일본어   맛있는 일본어 Level1   맛있는 일본어 Level2   맛있는 일본어 Level3

JLPT

이번에 제대로 합격! JLPT N1 실전모의고사   이번에 제대로 합격! JLPT N2 실전모의고사   이번에 제대로 합격! JLPT N3 실전모의고사

"베스트셀러 교재"와
"No.1 강의"가 하나로 만났다!

맛있는스쿨 | www.cyberjrc.com

외국어 전 강좌 풀팩	**영어** 전 강좌 풀팩	**중국어** 전 강좌 풀팩
일본어 전 강좌 풀팩	**베트남어** 전 강좌 풀팩	기타 외국어

친구 등록하고 실시간 상담 받기
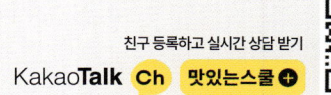